Norbert Bug

Mache die Leinen los ...!

Geschichten, die Mut machen zur Veränderung

parzellers
BUCHVERLAG

IMPRESSUM

ISBN 978-3-7900-0513-4

Layout: Peter Link
Fotos Titel und Inhalt: Fotolia.com
Druck und Verarbeitung: Rindt-Druck, Fulda

Norbert Bug

Mache die Leinen los ...!

Ein Wort auf den Weg ...

„Etwas Geduld brauchst Du schon!“ ... „Lass Deinem Körper Zeit!“ ... „Die Seele muss nachkommen können ...“ – „Ich habe aber keine Geduld, ich will sofort spüren, ob die Anstrengung sich lohnt. Ich weiß, nur eine längere ‚Aus-Zeit‘ bringt die Chance für einen neuen Anfang, für einen neuen Start im Beruf, für klare Gedanken vor der Entscheidung, für Ordnung in meinem Kopf, für die Klärung in der Beziehung, für einen neuen Weg zu mir, für einen Weg zu Gott.“

Die Zeit, die ich mir schenke, schenkt mir eine Antwort. Ich kann und will neu durchstarten. Ich weiß, es lohnt sich. Aber ich muss entscheiden, muss innehalten, Abstand nehmen, mich neu orientieren: Ich will wissen, was ich wirklich will. Wie lange dauert die Reise? – Jeder bestimmt selbst seine Zeit, eine intensive Zeit, um loszulassen, Werte neu zu bestimmen, zu ändern und um (s)ein Ziel zu sehen.

Lassen Sie sich Zeit, ruhen Sie aus und gehen dann gezielt und in Ruhe die neuen Schritte. Die Impulse in diesem „Reisebegleiter“ wollen Sie ermutigen, Fragen stellen, auch solche, die Sie sich schon lange gestellt hatten.

„Mache die Leinen los!“ – so beginnt die Reise. Die Geschichten zu Etappen auf dem Weg wollen dabei helfen, eine neue Sichtweise des Lebens zu finden, manchen Schritt zu reflektieren und Neues zu wagen.

Ich freue mich, dass ich Sie ein Stück auf diesem Weg begleiten darf.

Norbert Bug

Inhaltsverzeichnis

Lösen – Loslassen von allem, was hindert.

Mache die Leinen los!

Es muss sich etwas ändern. Die Situation passt nicht mehr zu mir: Es muss sich ändern? ... *Ich* muss mich ändern? ... Heute will ich damit beginnen! Zeit zum Start habe ich mir genommen. Ich habe ein Gefühl wie vor einem Urlaub in einem fernen, unbekannten Land. In mir klingt Musik, die dazu einlädt, seinen Urlaub am Meer zu verbringen: Neil Diamond. The Hall Bartlett Film Jonathan Livingston Seagull, „die Möwe Jonathan".

Ich genieße das Gefühl von Freiheit, kann abschalten vom Stress der Arbeit, kann alles hinter mir lassen und sehe nur eines: Viel versprechend liegt Zeit vor mir, die Zeit erscheint mir wie ein spannendes, offenes Buch. Ich denke oft, die Tage fließen dahin, zeitig, unzeitig, genutzt, vergammelt, nur von irgendeiner Laune bestimmt.

Von dem Ferienhaus fällt mein Blick auf die Atlantikküste im Norden der Bretagne. Unaufhaltsam braust das Wasser heran, die Wellen brechen sich am Ufer, bevor ein kleines Rinnsal ruhig in die Lagune fließt. Mir wird dieser stets gleiche Ablauf nicht langweilig. Meine Gedanken bleiben nicht stehen, sondern drängen mit Wind und Wellen hinaus in das Unbekannte, das Ferne, das zugleich herrlich und bedrohlich erscheint. Ich kann den Ausblick genießen, die Augen in die Ferne schweifen und den Gedanken ihren Lauf lassen. Wie die Wellen des Meeres kommen sie neu zurück.

Mit dem Fluss der Gedanken kommt mir ein Zitat von Mark Twain in den Sinn:

„Heute in zwanzig Jahren
wirst du mehr enttäuscht sein
über die Dinge, die du versäumt hast,
als über die, die du getan hast.

**Also mache die Leinen los,
verlass den sicheren Hafen,
fang den Fahrtwind in deinen Segeln.
Forsche, träume, entdecke!“**

In der Kleinstadt Hannibal am Mississippi River wird im Jahr 1835 Samuel Langhorne Clemens geboren. Bis zu seinem 18. Lebensjahr bleibt der verschlafene Ort seine Heimat. Wenn er die Schiffe vorbeiziehen sah, träumte sich Samuel in die Ferne. Seine Eltern konnten ihm diesen Traum nicht erfüllen. Samuel Langhorn Clemens erlernte verschiedene Berufe und sammelte darin reiche Erfahrungen. Früh entwickelte er das Talent, seine Eindrücke in Schriftform zu verarbeiten. Nach und nach baute er sich so ein ganz neues Leben auf, das er bis zu seinem Tod im Jahr 1910 stets weiter ausformte und gestaltete. Unter dem Pseudonym Mark Twain fand er Zugang in eine ganz andere Welt. An dieser Welt darf ich teilhaben, wenn ich seine Texte lese.

Ich sitze vor dem Ferienhaus, schaue und träume von Dingen, die ich in meinem Leben gerne noch sehen möchte und von Orten, die ich gerne besuchen würde. Ich wünsche mir eine Begegnung mit Menschen, deren Meinung mich sehr interessiert. Das Auf und Ab der Wellen verdeutlicht mir, dass sich alles ständig verändert. „Panta rhei“ – sagte Heraklit, alles befindet sich im ständigen Fluss. Es gibt in unserem Leben kein wirkliches Verweilen. Alles fließt, alles öffnet sich unseren Sinnen nur für einen Augenblick. Es liegt also an mir, ob ich jetzt zugreife oder träume, entdecke, erlebe oder mich treiben lasse. Während „die Möwe Jonathan“ über mir segelt, denke ich: „Mein Gott, wie schön ist deine Welt!“ – Aber ich erinnere mich auch an Dinge, die ich gerne liegengelassen habe, weil sie mir zu aufwändig erschienen. Lieber habe ich dann einen bequemeren Weg gesucht. Zum Beispiel gelang mir nur mit Mühe ein Gespräch mit meinen französischen Freunden. Dass die Schulzeit schon so lange zurück liegt, darf für mich nicht als Ausrede gelten. Was hindert mich daran, für das Erlernen dieser Sprache Zeit einzuplanen?

In meiner beruflichen Entwicklung hatte ich manche Chance, einiges ist mir auch gut gelungen, perfekt bin ich genauso wenig wie jeder andere es ist. Ich möchte gerne weitere Ergänzungen und Veränderungen in meinem Leben erarbeiten. Ich möchte nichts von dem versäumen, was mir wichtig erscheint. Es ist meine Zeit, die dahinfliesst, meine Chance, sie zu nutzen. Doch auch ich falle natürlich der Versuchung zum Opfer, zunächst die Dinge zu tun, die ich gut kann, schnell und mit Freude tue. Ich nehme erfüllte Zeit wahr, gelungene Gespräche und manche erfolgreiche Unternehmung erfüllt mich mit Zufriedenheit. Wie sagte noch Mark Twain? „Du wirst mehr über die Dinge enttäuscht sein, die du versäumt hast, als über die, die du getan hast."

Auch das gehört zu mir, dass noch manches unerledigt wartet. Einen Konflikt mit einem Freund habe ich unter den Teppich gekehrt; dort schwelt er noch immer. Aber er lässt sich nicht aussitzen: Werde ich den Mut zum ersten Schritt finden? Das Brechen der riesigen Wellen am Ufer hört sich an wie ein „Bravo", ein Beifall-Klatschen für neue Gedanken.

Mark Twain ermutigt mich: „Also mache die Leinen los, verlass den sicheren Hafen, fang den Fahrtwind in deinen Segeln." Veränderung kann nur geschehen, wenn ich es will und tue. Worauf warte ich also? Ich habe ein wenig Angst vor diesem ersten Schritt. Bis heute gab mir manche Leine Halt, manche Bindung hat mich eine Zeit lang getragen. Und doch spüre ich: Ich muss die Leinen loslassen. Nur im Gehen kommt Fortschritt. Auch in unserem Leben gibt es keinen „sicheren Hafen". Alles hat nur so lange Bestand, bis die reißende Kraft des Meeres wieder ein Stück Land zurückerobert hat. In meinem Leben ist es nicht anders. Ich habe es selbst in der Hand, meine Segel so zu setzen, dass ich den Kurs bestimme. Ich bin der Kapitän auf dem Segelschiff meines Lebens. Wie imposant gleiten doch die Schiffe hier an der Küste vorüber, wie majestätisch winken ihre Masten, wenn sie den Wellen trotzen und vom Fahrtwind getrieben werden. Dieses Bild schenkt mir wirklich Ermutigung. Der Blick auf das Meer zieht mich immer wieder in seinen Bann, stundenlang kann ich das genießen. – Erneut spüre ich, nun ist es an der Zeit, den Fahrtwind in den Segeln meines Treibens zu spüren und aufzubrechen in dieses herrliche, unberechenbare Leben. – „Jonathan" schwebt mir voraus, Niel Diamonds Musik klingt mit jedem neuen Wellenschlag.

„Forsche, träume, entdecke!" Dieser Schlussaufruf des Gedichtes von Mark Twain ermutigt, macht hoffnungsvoll und froh: „Forsche, träume, entdecke!" – Es wird mir bewusst, welch großartiges Geschenk der Aufenthalt in diesem Ferienhaus für mich bedeutet: Hier darf ich das alles wahrnehmen, annehmen und in meinem Sinn entwickeln. Wenn ich das sichere Haus verlasse, im Hafen schlendere oder eine Uferwanderung mache, bemerke ich natürlich auch die Menschen, die im Hafen ihrer Beschäftigung nachgehen. Die Idylle der singenden Fischer, die ihre Netze flicken, gibt es nur auf der Opernbühne. – Freizeit ist schön und erholsam. Dass ich Freizeit habe, eine Zeit lang meine Arbeit ruhen lassen und mich ganz dieser gastlichen Umgebung widmen kann, ist wunderschön. Die Eindrücke von der Gewalt der Natur, der unbändigen Kraft von Wellen und Wind und den gastfreundlichen Menschen am Urlaubsort haben sich heute tiefer eingegraben als bei mancher „gewöhnlichen" Urlaubserinnerung. Ich fasse einen Entschluss: Ich drehe die Zeile des Gedichtes von Mark Twain um: *Zunächst* entdecke ich all das Schöne und Beeindruckende, *dann* überlasse ich mich den Träumen, die mich aus meiner Alltagssituation entführen und *schöpfe daraus neue Kraft* für alles das, was ich noch erforschen und erschließen kann. Das wird ein neuer Anfang für mich sein.

Hoffentlich gelingt es, dass ich mich in meinen Gedanken immer wieder einmal an diesen Urlaubsort entführen lassen kann. Im Rückblick sind kleine Unannehmlichkeiten längst nicht mehr so gewichtig. Bedeutender und bleibender sind die Eindrücke von den Menschen, den Orten und den Erlebnissen, die mir niemand mehr nehmen kann. Tief im Inneren haben sich Gedanken verankert, gefestigt und schwingen noch ein wenig nach, auch andere Freizeiten werden wach. Ich kann mich noch an eine schöne Wanderung erinnern. Ich hatte die Spitze des Gipfels erreicht, breitete die Arme aus, schrie meine Freude heraus und wäre am liebsten wie auf Flügeln über das Land geflogen. In diesem Augenblick wusste ich: „Mein Gott, wie schön ist deine Welt!" Mit Urlaubsbekannten habe ich diese neue Erfahrung geteilt. Ein leckeres Essen, ein vorzügliches Glas Wein und ein wunderbares Gespräch brachten so viel Lockerheit und Leichtigkeit in das Sprechen, wie es im „normalen Alltag“ unmöglich erscheint.

Urlaubserfahrungen sind so wichtig für uns! Viel zu schnell erliegen wir meist wieder der Hektik des Berufsalltags. Im Urlaub erleben wir viel mehr. Wir nehmen nicht nur die Welt des Samuel Langhorn Clemens wahr: Diese Welt, die aus Schmutz, Druck, Hektik und Sorgen besteht. Zugleich finden wir dort die freie Welt des Mark Twain, die Welt des Forschens, des Träumens und des Entdeckens. Hinter den Hügeln, viel weiter hinter dem Horizont des wogenden Meeres liegt das Neue, das Ferne, das Unbekannte.

Darum möchte ich die Aufforderung Mark Twains noch einmal lesen und in mein Leben übertragen. „Forsche, träume, entdecke!“ Hier im Urlaub habe ich die umgekehrte Reihenfolge für mich gewählt: „Entdecke, träume, forsche!“ Im Vertrauen darauf, dass ich in dieser wunderbaren Welt Gottes noch so viel Neues finden kann, lasse ich mich von Mark Twain inspirieren: „Also mache die Leinen los, verlass den sicheren Hafen, fang den Fahrtwind in deinen Segeln.“ Der Schritt in ein neues Leben beginnt.

Sich lösen, frei machen von Bindungen, erfordert neue, andere Gedanken: „Du kannst nichts haben, so lange du es nicht loslässt!“ – Der Alltag ist manchmal ein guter Lehrmeister.

Du kannst nichts haben, so lange du es nicht loslässt.

Gestern bepackte die junge Nachbarsfamilie ihr Auto für eine Urlaubsreise. Der vierjährige Tim war besonders eifrig: Sein Delfin lag schon neben dem Auto, seinen Teddy trug er besonders liebevoll in den Hof und drückte ihm einen dicken Kuss auf, bevor er ihn auf den Rücksitz setzte. Seine

Spielesammlung hatte er bereits im Kofferraum des Kombis abgelegt, einen Fußball, einen Badeball, Bilderbücher, eine Kiste voller Autos und seine Kuscheltiere verstaute er nun auch noch ganz schnell in dem Kofferraum. Auch seine Zwillingsschwester Lea nutzte jede Minute, um ihre Spielsachen einzuräumen: vier ihrer Lieblingspuppen, einen Schwimmreifen, Bilderbücher und Spiele. Der fünfjährige Mark legte seine Bettdecke über die Spiele, sein Kopfkissen drückte er auf die Seite und schob seine Bücherkiste zu den anderen Sachen in den Kofferraum. Dazu brachte er noch eine Tasche mit Fußballschuhen, Turnschuhen und einen Lederball in dem Kofferraum unter. Carsten und Moni, die Eltern der „Rasselbande", stellten jetzt drei Koffer auf den Rücksitz. Dann baten sie: „So, jetzt steigen wir ein, machen die Gurte fest und fahren los!" – „Das geht nicht!", rief Tim, „wir haben keinen Platz!" „Du machst Tina kaputt!" empörte sich Lea. Und Mark meinte gelassen: „Ich rufe Opa an, der kann uns ja fahren!" „Schön", sagte Papa Carsten, „Opa und Oma sind gestern schon losgefahren. Und hier vorne ist nur Platz für Mama und mich." – Stille. Doch bevor die Kinder zu Weinen begannen, fragte Moni: „Was wollen wir nun machen?" Keiner wollte den Anfang machen. – „Ich brauche das aber!", eröffnete Mark etwas trotzig den Disput. „Ich auch! Ich auch!" riefen die beiden Jüngeren. „Gut", sagte Carsten, „dann lassen wir die Kleiderkoffer zu Hause. Sonst habt Ihr ja keinen Sitzplatz!" „Aber ich möchte jetzt nicht im Badeanzug Auto fahren, dann ins Hotel gehen, ins Wasser hüpfen und später so zum Essen gehen müssen", meint Moni. „Ich auch nicht!" riefen die drei Kleinen hinterher. „Dann müssen wir alles noch einmal auspacken", schlug Carsten vor und legte eine Decke in den Hof. Tim zerrte als erster sein Spielzeugauto aus dem Auto und legte es auf die Decke. Etwas missmutig folgten die anderen. Bald lag alles aufgestapelt auf dem Hof. Carsten schlug vor, dass er nun erst die Kleiderkoffer in den Kofferraum brachte. Kein Widerspruch. „Nun darf jeder das dazupacken, was er unbedingt braucht. Einverstanden?" Etwas betrübt, aber zufrieden, stimmten alle zu. Moni ging sehr geschickt vor und fragte nun bei jedem Gegenstand: „*Musst* Du das *jetzt unbedingt* mitnehmen? Können wir das hier lassen?" Bald lagen auf der Decke neben dem Auto recht viele der von den Kindern als *„weniger wichtig“* bewerteten Sachen. „Sitzprobe!“ rief Moni, und alle stiegen ein. Carsten rief: „Jetzt haben wir viel mehr Platz und können uns bewegen! Wir haben etwas hier gelassen, und jetzt sind wir frei. Nun aber los!“ Von Lachen erfüllt schloss sich das Auto und verschwand um die Häuserecke. Im Umgang mit den scheinbar kleinen Dingen des Alltags hatte sich ein Satz bestätigt: „Du kannst nichts haben, solange du es nicht loslässt. Du kannst nur behalten, was du weggibst.“ Heute frage ich mich: Was sollte ich besser loslassen? Was ist „weniger wichtig“ für mich?

Sich lösen zu wollen, bedeutet unweigerlich einen inneren Kampf ausfechten zu müssen: Warum *muss* ich das? *Will* ich das wirklich? Wo führt das hin? Im Inneren baut sich dabei nicht selten ein Aggressionspotential auf, das ein Ziel sucht: ein Gegenstand geht zu Bruch, ein anderer Mensch wird angegiftet, mancher fügt sich selbst Wunden zu, wieder ein anderer trinkt oder sucht einen anderen Ersatz. Die Erfahrung des amerikanischen Psychotherapeuten Sheldon B. Kopp[1] vermittelt eine entspannende Erkenntnis:

„Alle wichtige Schlachten trägst du in dir selbst aus!“

Siegfried der Drachentöter – das war der Held meiner Kindheit. Seine Unerschrockenheit, sein Mut und die Bereitschaft für Ruhm sein Leben zu wagen, faszinierten mich als Kind sehr. Später wurde mir bewusst, dass jeder Mensch in seinem Leben solche Drachenkämpfe bestehen muss. Dabei handelt es sich nicht um einen Kampf für Ruhm und Ehre, sondern um den

1 (Sheldon B. Kopp: Triffst du Buddha unterwegs, Psychotherapie und Selbsterfahrung, Frankfurt/M. 1978. Erschienen ursprünglich in Voices 6, Nr. 2, Herbst 1970, S. 29, ‚43 von 927 ewigen Wahrheiten: Nr. 40‘)

Kampf, der am Beginn jedes menschlichen Reifungsprozesses bleibt: Der Schritt aus der Höhle der Geborgenheit elterlichen Schutzes birgt Gefahren. Das Ja zu sich als Mann oder Frau, das Ja zu Können und Grenzen, das Ja zu den Schritten in die nächsten Stationen unseres Lebens – das alles sind innere Kampffelder eines Menschen.

Dass ihr Sohn innerlich längst das Haus verlassen hat, bekommen manche Eltern gar nicht richtig mit. Sie sehen noch immer das kleine Mädchen in dem Teenager, der sich schick macht für die erste Party. Von derartigen inneren und äußeren Kämpfen hörte Sheldon B. Kopp sehr oft während seiner Gespräche mit Patienten. Der Satz, den er vielen als Hilfe zur Lösung der Probleme mit auf den Weg gab, hört sich sehr einfach an: „Alle wichtigen Schlachten trägst du in dir selber aus." Mancher möchte da vielleicht fragen: „Und was hilft mir diese Erkenntnis?" Ein anderer fühlt sich nicht recht ernst genommen. Doch wer die Aussage in sich „sacken" lässt, spürt wie die Aggressionen sich lösen. Wir kennen den ewigen Kampf im Inneren eines jeden. Neben den Hauptkämpfen in der Entwicklung gibt es die zahlreichen kleinen Kämpfe des Alltags. Die Frage, wie tragfähig und tief ist eine Beziehung zwischen zwei Menschen, sie wird zum inneren Kampf. Für Eltern kann es ein starker innerer Kampf sein, wenn sie überlegen, ob sie den „Kleinkrieg" mit den Jüngsten beenden oder die Entwicklung abwarten sollten.

Auf einen jeden von uns kommen täglich Kämpfe und Anforderungen zu, die man nicht in die Öffentlichkeit tragen kann. Nur im Inneren werden die Bedenken hin und her gewälzt, Argumente für und wider bedacht und Entscheidungen gefällt. Es bleibt dem einzelnen überlassen, wie er heute den „Kampf" aufnimmt. Auch Siegfried der Drachentöter musste spüren, das Blut des Drachen macht nicht unverletzbar.

Der Sieg im inneren Kampf der Gefühle und Gedanken lässt manchen Menschen vor Glück „außer sich" sein. Befragt, was denn plötzlich mit ihm los sei, kann er gar keine klare Antwort geben: „Mir ist halt gerade so!" Betroffen macht dagegen die Erkenntnis, anders entschieden zu haben als man es eigentlich für richtig gehalten hat. Gefühle können „blind" machen, sie trüben den Blick auf den Weg, auf meinen nächsten Schritt, auf den Menschen neben mir. Erschrocken höre ich:

Mensch, pass doch auf, wo Du hintrittst!

„Mensch, pass doch auf, wo Du hintrittst! Beinahe hättest Du mich zertreten!" – Dieser wütende Zuruf stand auch am Beginn einer ewigen Freundschaft zwischen dem Riesen und dem Zwerg. Erschrocken schaute der Riese zu Boden, jetzt erst bemerkte er den Zwerg und entschuldigte sich bei ihm. „Ja, für Euch Riesen sind wir ja nur kleine Heunadeln, Grashalme, auf die man rücksichtslos treten kann. – Aber sieh her: Ich bin ein ganzer Mann und stark genug mich zu wehren!" – Stolz präsentierte der Zwerg sich dem Riesen, zeigte auf seine Kleider, die nicht aus dem billigsten Laden stammten und piekste den Riesen mit seinem Wanderstock in die Schenkel, so dass dieser zusammenknickte, „Aua!" rief und dann meinte: „Ich wollte Dir ja auch nicht wehtun. Ich habe Dich nur übersehen, weil ich in Gedanken war. Entschuldige bitte." „Ist ja schon gut", meinte der Zwerg, und dann plauderten die beiden über Gott und die Welt. Jeder erzählte dem anderen, was ihm wichtig war und welche Pläne er hatte. Und so kam es, wie es im Märchen meistens kommt: die beiden machten sich gemeinsam auf den Weg, wurden gute Freunde und meisterten mit gegenseitiger Unterstützung so manches Abenteuer.

Ich kann mich nur noch an den Anfang dieses Märchens erinnern. Der Titel ist mir entfallen. Aber die ersten Sätze höre ich immer wieder: „Mensch, pass doch auf, wo Du hintrittst! Beinahe hättest Du mich zertreten!" Vor ein paar Jahren erfuhr ich den Sinngehalt dieser Sätze in einem ganz anderen Zusammenhang. Auf einer Reise zeigte mir ein junger Mann in Afrika seinen bescheidenen Besitz. Noch heute besitze ich das Foto jener Szene, als er liebevoll und voller Stolz eine Ananas an einer Staude zeigte und dabei erzählte, wie viel Mühe man zum Pflegen dieser Früchte aufbringen müsse. Natürlich erinnerte ich mich mit einem „angekratzten Gewissen" daran, wie preiswert wir die Ananas schon damals in Deutschland kaufen konnten und uns nichts dabei dachten. Aber die Sorgfalt dieses jungen Menschen ist mir in Erinnerung geblieben, sein behutsames Gehen im Garten, sein unwillkürliches Verweilen und Hinabbeugen zu manch kleiner Pflanze, die er mir zeigte und erklärte, wofür man sie verwenden könne. Auch kleine Insekten nahm er auf die Hand, zeigte sie mir und setzte sie dann behutsam wieder auf den Boden. Irgendwie waren alle Pflanzen wichtig und die Käfer und Fliegen waren keineswegs nur „Schädlinge".

„Mensch, pass doch auf, wo Du hintrittst!" Daran musste ich auch denken als mir ein befreundeter Lehrer ganz erregt berichtete, dass er aus Verärgerung über das Verhalten eines Schülers entschieden hatte, diesen mit Missachtung zu bestrafen. So könne er ihn sich am besten vom Leibe halten. Ich fragte ihn, ob ihm nicht aufgefallen sei, dass dieser Schüler sich nur ihm gegenüber besonders „auffällig" verhalte und dann „motzend" gerufen hatte: „Und Sie, Sie rennen doch auch nur mit geschlossenen Augen durchs Haus!" Als ich meinen Freund ein paar Tage später traf, meinte er nur: „Pah! War ich ein Trottel! Ich hatte ein längeres Gespräch mit Pascal. Und nun ist mir deutlich geworden, dass er mir vertraut, dass er mir gegenüber einen Hilferuf ausstieß, weil er nicht mehr ein noch aus wusste. – Und ich hätte ihn beinahe zertreten!"

Der Blick nach unten ist ungewohnt, weil wir uns meistens im Eiltempo bewegen, ferne Ziele im Auge haben und nicht die kleinen Dinge vor uns auf dem Boden sehen. Bis ein Baum groß wird und Schatten spendet, Früchte trägt und Samen für neue Pflanzen abwirft, braucht er Beachtung und Pflege. Das ist nicht unbekannt. Bei Menschen ist das aber nicht anders. Dabei sind es keineswegs nur „die Riesen", die auf „den Kleinen" herumtrampeln; es sind auch die Kleinen selbst, die sich das Leben gegenseitig schwer machen. – „Mensch, pass doch auf, wo Du hintrittst!" – diese Aufforderung enthält die Hoffnung, dass sich zwei Menschen als Menschen begegnen: „Mensch, begegne mir menschlich und mit Achtung! Du glaubst gar nicht, was wir beide miteinander bewegen können, wenn wir uns nicht gegenseitig zertreten!" –

Ich wünsche mir viele Freundschaften zwischen „Riesen und Zwergen".

Unwichtiges wahrnehmen, wichtiges übersehen – wer hat das nicht schon erlebt? Wovon will ich mich wirklich verabschieden, was ist mir wichtig? Von welchem Menschen will oder sollte ich mich besser verabschieden? Manchmal helfen bei solchen Entscheidungen kleine Impulse aus der Zeitung.

Impulse aus der Zeitung

Kürzlich hatte ich ein wenig mehr Zeit und konnte mal ausgiebig Zeitung lesen. Politik und Kultur aus der „großen Presse", Lokalnachrichten, Todesanzeigen und Familienfeiern aus dem örtlichen „Blättchen". Fast jeder in unserer Stadt liest es, es ist konkurrenzlos, man braucht es, um zu wissen, was in unserer Region geschieht.

Da – den kenne ich doch! Jürgen ist tot! Erst vor ein paar Tagen haben wir uns gesehen, und nun – so schnell geht das, die „Einschläge" kommen immer näher, der Tod sucht auch nicht mehr nur unter den Ältesten! – Unwillkürlich frage ich mich, wie die Menschen wohl gelebt haben, von deren Tod die Zeitung heute berichtet. Ob ihr Leben erfüllt war, ob sie mit ihrem Leben zufrieden waren? Vielleicht ist es ihnen schwer gefallen, Abschied zu nehmen. Vielleicht haben sie aber auch den Tod herbeigesehnt. Ich bin überzeugt, dass es nur selten den „rechten Zeitpunkt" für den Tod gibt. Menschen träumen meist von einem langen und erfüllten Leben. Doch die Wirklichkeit hat eigene Gesetze. Jürgen war schwer erkrankt, das wusste er und er rechnete nicht mehr mit einer langen Lebensspanne. Aber der tödlich verunglückte junge Mopedfahrer, dessen Anzeige direkt daneben steht, hatte sicher nicht mit seinem Tod gerechnet. Er hatte Träume und Wünsche für sein Leben. Vielleicht war er nur eine Sekunde lang übermütig, leichtsinnig – und nun ist es zu spät.

Eigentlich wollte ich an diesem Morgen meine freie Zeit genießen, mich durch die Zeitung informieren lassen. Aber nun ist das Zeitungslesen zum

Selbstläufer geworden und stellt mir selbst Fragen: Wie bewusst oder unbewusst habe ich in den vergangenen Tagen gelebt? Gestern zum Beispiel hatte ich wirklich nur eine Riesen Portion Glück, dass nichts passiert ist, dass ich nur knapp einem Autounfall entgangen bin. Einen Moment nur wurde ich abgelenkt, hatten meine Augen ein ganz anderes Ziel. Na klar, niemand ist perfekt, schon oftmals habe ich „einfach nur Glück gehabt". Und wenn ich mir vornehmen würde, ab jetzt immer aufmerksam zu sein, wäre dieser gute Vorsatz sicher auch bald schon vergessen. Aber ich möchte gerne leben, mit Bekannten sprechen, meine Ideen den Kolleginnen und Kollegen vorstellen. Ich möchte lachen, arbeiten, feiern, aber auch mein Mitgefühl denen zeigen, die es schwer haben, mit Jutta ihre Trauer um Jürgen tragen. Dazu brauche ich mich ganz und gar, meine Aufmerksamkeit, meine Gedanken, meine Empfindungen und mein Wollen. So gibt mir manchmal die Zeitung einen neuen Impuls. Es ist schön, dass mir meine Zeit geschenkt ist, dass ich hier bin und leben darf: „Liebe Welt, ich komme!" – Abschied ist immer die Entscheidung für etwas anderes.

Loslassen gelingt am besten, wenn ich ein neues Ziel vor Augen habe, etwas, das mir verdeutlicht, ich muss die Veränderung herbeiführen! – Doch frage ich auch: Wie geht es meinem „neuen Ziel" mit mir, seinem Entdecker? – Eine ungewohnte Formulierung:

Der Amerikaner, der den Kolumbus zuerst entdeckte, machte eine böse Entdeckung!

(Georg Christoph Lichtenberg, Sudelbücher)

„Ich habe ihn aber zuerst gesehen!", rief Johannes, als er mit seinem Freund ganz aufgeregt aus dem Wald stürmte, aber Lukas bereits von weitem seinem Vater zurief: „Dort ist der See! Wir sind schon da!" – Sie hatten am Ende ihrer Radtour das Gelände bereits vor einer ganzen Weile erreicht, konnten aber den kleinen Badesee nicht finden, der auf ihrer Karte eingezeichnet war. Die beiden Jungen trösteten sich damit, dass es ja auch ein neues Land sei, das sie sich in dieser Urlaubswoche gemeinsam mit ihren Vätern „eroberten", noch nie waren sie vorher hier gewesen. Zudem war alles so mit Büschen zugewachsen, dass ihnen die Orientierung schwer fiel. – Herrlich! Der See lag in der Sonne, jetzt konnten sie mit den Vorbereitungen für ihr kleines Camp beginnen, Decken ausbreiten, Zelt aufschlagen und alles für eine Zeltnacht in der Wildnis gestalten. Der Bauer, dem das Grundstück gehörte, hatte ihnen erlaubt, eine Nacht am See zu zelten und am nächsten Tag wieder zurück zu ihren „Ferien auf dem Bauernhof" heimzukehren.

Schon bald saßen die vier vor ihrem Zelt, erhitzten in einem Topf über einem Gasbrenner eine kräftige Erbsensuppe mit Würstchen und freuten sich, dass sie hier sein konnten. „Es ist wie im Paradies! Der See ist eine Entdeckung!" rief Frank, einer der beiden Väter. Aber Günther, der andere Vater, lachte und meinte: „Dann hör mal zu, was der schlaue Georg Christoph Lichtenberg, ein Wissenschaftler aus dem 18. Jahrhundert, in seinen so genannten Sudelbüchern über das Thema ‚Entdeckung' geschrieben hat: ‚Der Amerikaner, der den Kolumbus zuerst entdeckte, machte eine böse Entdeckung!'" Alle lachten Dann meinte Lukas: „Das stimmt doch gar nicht! Ich denke, Kolumbus hat Amerika entdeckt." „Das ist schon richtig", meinte sein Vater, „aber hast Du auch schon mal daran gedacht, wie es den Menschen ging, als sie diesen fremden Kolumbus und seine Soldaten erstmals in ihrem eigenen Land sahen?" Lukas wurde nachdenklich, Johannes meinte dann: „Ich glaube, die Menschen haben sich vor diesen Fremden gefürchtet oder sie waren ganz neugierig. Die sahen doch ganz anders aus, sie hatten helle Haut und komische Kleider an, das kannten die Amerikaner bisher gar nicht." „Und ihre Sprache verstanden sie ja auch nicht", ergänzte Lukas. Frank meinte: „Eigentlich haben wir vorher genauso wie Kolumbus gehandelt. Wir haben auch nur ein Ziel gehabt. Uns interessierte nur, wo der See ist und wo wir am besten unser Zelt aufschlagen könnten. Wenn wir ehrlich sind, müssen wir zugeben, dass wir kaum einen Blick dafür hatten, was es hier sonst noch alles gibt; wir sahen nur den schönen See.“ „Wir können ja mal um den See laufen und schauen, ob wir Vogelnester sehen, Tiere und besondere Pflanzen.“, meinte Johannes. „Oh ja!“, rief Lukas, und schon waren die beiden Jungen auf den Beinen: „Wir werden jetzt mal sehen, wer uns entdeckt!“ – Die beiden Männer führten indessen ihr Gespräch weiter. „Meist prüfen wir nur, was wir sehen, allein unter dem Gesichtspunkt, wie es zu uns oder in unsere Pläne passt. Auch andere Menschen sehen wir erst mal unter dem Aspekt an, ob sie zu einem passen könnten.“ „Irgendwie ist es schon beschämend“, meinte der andere, „dass man einen scheinbar witzigen Text braucht, um auf das Eigentliche aufmerksam zu werden. Die Frage: ‚Was bedeute ich Dir? Was siehst Du in mir?‘ wird viel zu selten gestellt.“ Sie wurden nachdenklich und still. – „Wir haben einen kleinen Vogel gefunden, der ein Bein gebrochen hat. Jetzt braucht der uns, der hat auf unsere Hilfe gewartet!“, riefen die beiden Jungen bei ihrer Rückkehr. Auf ihre Weise setzten sie sich nun dafür ein, dass die Lebewesen, die sich von den Jungen entdecken ließen, keine bösen Entdeckungen mit ihnen machten, sondern menschliche Menschen in den beiden erlebten.

Ich wünsche auch mir häufiger einen offenen Blick für Menschen, die auf mich warten. Ich hoffe zu erkennen, wenn die Augen mancher Menschen unsicher schauen, weil sie nicht wissen, wie ich ihnen begegnen werde. Ich möchte mich von ihnen entdecken lassen als einer, der offen ist für Neues und für die Begegnung mit Menschen.

Lösen, Neues entdecken, ein Ziel formulieren – es fällt einem oft recht schwer. Zu selten sehen wir die unscheinbaren Andeutungen oder kleinen Zeichen, lassen uns kaum Zeit, auf das zu schauen, auf das zu hören, was einen Vorhang öffnen könnte für den nächsten Akt im Drama unseres Lebens.

Was Aquarien erzählen können

Kürzlich sagte ich zu meiner Frau: „Heute werde ich mal wieder mein Aquarium säubern.“ Meine Frau bemerkte dazu lächelnd: „Du badest die Fische.“ Aber vielleicht hat sie gar nicht so Unrecht. Diese Arbeiten bringen es mit sich, dass da mal ein Fisch neugierig oder verschreckt an der Hand knabbert, die auf einmal vor ihm im Wasser hängt. Meist sind sie aber erschrocken, wenn das Wasser um sie herum weniger wird; dann suchen sie die Ecken auf, in denen sich die größten Wasserstellen befinden, verstecken sich unter Pflanzen, zwischen Steinen und Holz. Ich kann ihnen leider nicht erklären, dass ihnen diese Aktion später nützen wird, dass sie dann wieder frisches, klares Wasser finden und die Pflanzen um sie herum prächtiger gedeihen werden.

Ich denke, uns Menschen geht es manchmal auch so: Wir sehen zunächst nur den Wirbel um uns herum, wenn sich etwas Ungewohntes ereignet, schauen vielleicht ängstlich, verstecken uns und begreifen erst spät, dass sich etwas Neues entwickelt hat, das zu unserem Nutzen da ist. Es gibt allerdings einen großen Unterschied zwischen meinen kleinen Fischen im Aquarium und uns Menschen: Wir können selbst Neues planen, gestalten, anpacken, verändern. Wir brauchen nicht abzuwarten und ängstlich zuzuschauen. Wir können Veränderungen selbst ersinnen und auch durchführen.

Ich denke *für* meine Fische, ich bin besorgt, dass es ihnen gut geht. Auch mancher Mensch genießt es, wenn für ihn gedacht wird. Aber er muss sich dann auch nicht wundern, wenn seine Umwelt vielleicht so verändert wird, wie er es nicht wollte. Meine Fische antworten mir nicht, ob sie sich wohl fühlen, sie protestieren und demonstrieren nicht, ich entnehme es ihrem Verhalten, sehe es an ihren Farben oder an Krankheiten, die sie plötzlich haben, wenn das Wasser vielleicht doch nicht weich genug war, das sie nun umgibt. Auch Menschen reagieren manchmal mit Veränderungen in ihrem Äußeren, wenn etwas ungewohnt ist, bekommen Ausschlag oder Pickel. Dem kann ich entgegenwirken, indem ich selbst aktiv werde und mich darauf besinne, dass ich ein Mensch bin, kein Fisch.

Ich möchte gerne selbst gestalten, meinen Lebensraum planen, die Kommunikation mit anderen Menschen gestalten, auch wenn das Anstrengung von mir fordert: Sensibles Wahrnehmen der geäußerten oder nur angedeuteten Antworten, von Aggressionen oder die Bereitschaft zum Mitgehen, zur Offenheit.

Für die Arbeit an meinem Aquarium benötige ich sicher mehr als zwei Stunden. Danach freue ich mich über das neu gestaltete Bild, die Pflanzen und die Farbenpracht meiner Fische, wenn sie sich an das frische Wasser gewöhnt haben. Wenn Menschen sich an eine ungewohnte Umgebung gewöhnen sollen, dann dauert das auch seine Zeit. Aber ich glaube, dass die bunte Vielfalt, die sich daraus ergibt, die neue Gemeinsamkeit die Mühe lohnt. Auch uns Menschen tut, bildlich gesprochen, frisches Wasser gut. – Das müssten wir uns immer wieder einmal gönnen …

Werte – Was ist wirklich wichtig?

Lösen – das ist leicht gesagt. Aber wozu? Was ist wirklich wichtig? – das ist die Leitfrage für die nächsten Schritte.

Spontan fällt mir ein Ereignis ein, das viele – nicht nur Männerherzen – hoch erfreut: Die IAA in Frankfurt.

Was ist wirklich wichtig?

In den Tagen der IAA sind die Messehallen in Frankfurt das Ziel zahlreicher Menschen: Die „Internationale Automobilausstellung PKW" lockt Tausende in die Mainmetropole. Die „Traumwagen" stehen dort zum Greifen nahe. Man darf sich hinter das Lenkrad der neuen Autos setzen oder sie wenigstens von allen Seiten betrachten. Autos, diese Ergebnisse modernster Forschung und Technik, üben auf viele von uns eine magische Anziehungskraft aus. Nach einigen Stunden tun einem zwar die Füße weh, weil die Wege durch die Hallen sehr weit sind, doch das Erlebnis entschädigt für die Strapazen. Dazu wird gesammelt, was man tragen kann, Prospekte, Kugelschreiber und andere Werbeträger finden an diesen Tagen reißenden Absatz. Die Träume der folgenden Nacht sind bei manchen IAA-Besuchern reich an Bildern von wunderschönen Traumautos, die durch Traumlandschaften fahren mit Traumpartnern an der Seite. – Ist das nicht wunderschön?

Mancher mag jetzt einwenden, Ereignisse wie die IAA schürten doch nur Neiddebatten. Sicher lassen sich einige Menschen fast vom Neid auffressen, wenn sie sehen, was alles sie sich nicht leisten können. Ich glaube aber, dass bei den meisten Menschen bald die nüchterne Überlegung kommt: Was brauche ich wirklich, was ist wichtig? Zum Beispiel ist der Aufpreis für eine Rückenmassage während der Fahrt durch eine besondere Einrichtung in den Sitzen nur für denjenigen lohnenswert, der oft weite Strecken fährt. Auch den Mehrpreis für den Kühlschrank oder das TV-Gerät im Fond des Wagens wird mancher Kunde eher einsparen. Es ist zwar wunderschön, wenn man sich einmal seinen „Kinderwunsch" erfüllen kann und dies auch genießt. Man muss akzeptieren, dass eine solche Schau starke emotionale Empfindungen weckt, Träume eben und keine rationale Fragestellung, was ist wirklich notwendig?

Eine ganz andere Situation: Ein etwas ausgefallener, aber interessanter Weg, um eine Antwort auf die Frage zu finden, was denn wirklich wichtig sei, ist eine virtuelle Problemstellung: Stellen Sie sich vor, Sie müssen – aus welchem Grund auch immer – innerhalb der nächsten 14 Tage aus Ihrer Wohnung ausziehen und in ein Einzimmerappartement einziehen. – Und nun die Frage: Was ist Ihnen wirklich wichtig? Was nehmen Sie mit?

„Nur wer nicht liebt, kommt ohne Tränen aus!", sagte einmal der evangelische Theologe Jörg Zink. Wenn ich seine Aussage auf meine virtuelle Fragestellung beziehe, wird mir deutlich, wie viele Erinnerungen an Menschen, die mir lieb sind oder waren, mit vielen Gegenständen in meiner Wohnung verbunden sind. Darum fällt die Entscheidung darüber, was lasse ich hier und was nehme ich mit, gar nicht leicht: meine Wohnung steht ja nicht voller Möbel, sondern voller Erinnerungen! Mancher ältere Mensch kann sich eventuell leichter in eine solche Situation hineindenken oder hat sie sogar schon erlebt, weil er in ein Seniorenheim umziehen will oder bereits umgezogen ist. Viele Menschen befällt in solchen Zwangslagen Unsicherheit und wirkliche Angst, sie fragen sich nämlich, ob sie mit dem Verlassen der vertrauten Umgebung auch die Erinnerungen auslöschen, Dinge und Menschen verlieren, die ihnen bisher lieb und wichtig waren. Wird das soziale Netz durch den Umzug zerrissen? Menschen in sicheren Beziehungen mit Menschen, die sie lieben und deren Treue sie glauben, fühlen sich sicher. Das bestätigt: Wirklich wichtig sind also nur Menschen: Ihr verstehender Blick, ihr Wort oder ein Zeichen von Nähe und vor allem das vertraute Du; alles andere kann wegfallen, ausgeräumt werden wie die bisherige Wohnung. Mitgenommen in die kleinere Wohnung werden nur Gegenstände, die die sozialen Beziehungen weiter tragen. Vielleicht nimmt mancher das abgegriffene Adressbüchlein mit, das alle wichtigen Telefonnummern enthält, auch ein paar Fotoalben passen noch in den Umzugskarton, dazu brauchen viele Menschen auch „das kleine Schwarze" für den nächsten Konzertabend, der nie ausfallen darf, dazu nur noch ein paar Dinge, die das Abreißen der alten Bindungen verhindern sollen.

Mein Kopf sagt mir zwar, durch das bewusste Sich-eingrenzen, alles weglassen, was nicht unbedingt notwendig ist, wird auch eine neue Freiheit möglich. Aber trotzdem ist das Loslassen schwer und meist von Tränen begleitet. Nur die Trauer beim Verlust eines geliebten Menschen ist ungleich größer.

Die Besucher der IAA haben ihre Träume angereichert wie eine Schatztruhe voller schöner unnötiger Dinge. Ich möchte keineswegs „Stimmung dagegen" machen. Es ist doch wunderschön und macht das Leben lebenswerter, wenn Sie z. B. Freude an Ihrem Schrank haben, Ihrer Wohnung, den Gemälden, Ihrem Garten und Ihrem tollen Auto. Ereignisse wie die IAA machen mir allerdings auch deutlich, wie viele Dinge im Leben wir als Extras dazu bekommen, als Geschenke annehmen dürfen und durften. Das größte Geschenk jedoch ist die Liebe eines anderen Menschen, sie ist ein unverdientes Geschenk, sein Lachen, seine Zuneigung, seine Zärtlichkeit lassen sich nicht durch Geld erwerben. Aber auch viele andere Dinge, die ich kaufen konnte, sind wunderbar. Für alles das möchte ich immer wieder einmal Danke sagen, danke, dass ich das alles nutzen darf, dass ich Geborgenheit erlebe, obwohl ich nichts wirklich „verdient" habe. Alles darf ich als Geschenk annehmen und nutzen. Diese Empfindungen teile ich wohl mit vielen Menschen, auch wenn manch anderer erschrocken fragen mag: Wofür sollte ich schon danken? Dafür, dass ich Schmerzen habe? Oder vielleicht dafür, dass ich nicht weiß, wovon ich die nächste Miete bezahlen soll? – Ich weiß, es gibt Probleme, Schmerzen, Leid und Fragen, auf die auch ich keine zufrieden stellende Antwort geben kann. Ich weiß aber auch, dass es in vielen Situationen doch immer noch eine Möglichkeit gibt, die Hand auszustrecken nach dem Helfer in der Nähe, den Mund zu öffnen und zu sagen: „Bleib bei mir." Ich möchte damit keine „0-8-15-Lösung" anbieten, aber ich weiß, dass wir in unserem

Land in einer guten Lage leben dürfen, es gibt überall, und fast für alles Institutionen und Menschen, die aus dem Gedanken der Menschlichkeit arbeiten, um für andere da zu sein. Dafür allen, die in der Familie Pflegedienste übernommen haben oder in Institutionen arbeiten, ein besonders herzliches Dankeschön! Gerne denke ich an das Lied: „Solang es Menschen gibt auf Erden, solang die Erde Früchte trägt, solang bist du uns allen Vater; wir danken dir für das, was lebt." – Ja, in solchen Momenten gilt mein besonderer Dank auch dem Geber all dieser guten Gaben, Gott, dem ich mich verbunden weiß und an dessen bergende Nähe ich glaube.

Was ist wirklich wichtig? – So lautet unsere anfangs gestellte Frage. Ich lese eine hilfreiche Antwort in der Aussage des Paulus in seinem 1. Brief an die Christen in Korinth. Er sagt: „... es sollten alle, die etwas erwerben, sich so verhalten, als behielten sie es nicht zu eigen, die sich der Welt bedienen, so, als nutzten sie sie nicht aus; denn die Gestalt dieser Welt vergeht." (1 Kor 7, 29-31) Paulus sieht in dieser Grundhaltung die innere Freiheit als die Haltung des Christen. Ich sehe auch nirgendwo in der Bibel einen Hinweis auf die Besitzlosigkeit als ein erstrebenswertes Ziel. Vielmehr bedeutet „innere Freiheit", nicht an den Dingen zu hängen, sich nicht abhängig von ihnen zu machen, sowohl von Dingen als auch von Menschen. Vielmehr kann ich mit jemand teilen, wenn ich etwas habe, Freude empfinden im gemeinsamen Nutzen. Ich kann genießen, was ich habe, aber ich jammere auch nicht, wenn ich es nicht habe. Weil ich nicht gebunden bin an irgendetwas, was ich habe und genieße, bin ich frei für, frei für das Teilen, frei für andere, frei auch, meine Zeit demjenigen zu schenken, der mich gerade jetzt braucht. Auch in meinem Anfangsbeispiel vom Traum nach dem Besuch auf der IAA wurde deutlich, dass auch das Traumauto nur dann Freude schenkt, wenn ich diese Freude mit anderen teilen darf. Oder fahren Sie lieber allein in den Urlaub? Wandern Sie lieber alleine oder nicht doch mit ein paar netten Menschen gemeinsam? Auch Selbstgespräche sind nicht so unterhaltsam wie ein anregendes Gespräch im Freundeskreis. Natürlich brauche ich immer wieder auch die Zeit für mich allein, um meine Gedanken zu ordnen, um zu reflektieren und mich selbst zu stationieren. Doch in der Begegnung mit einem Du finde ich Antworten auf meine Fragen, erfahre Vertiefung, Korrektur und Veränderung.

Als wichtig sehe ich das Wahrnehmen alles dessen an, was wir in der Natur finden, oder was Menschen in der Kraft ihres Geistes entwickelt haben; wichtig ist alles, was wir miteinander an Glück erleben. Für ebenso wichtig halte ich es, die Zerbrechlichkeit zu sehen, das Vergehen und die Gefahr darin, wenn Menschen sich als Richter über andere aufspielen und über „lebenswert" und „nicht lebenswert" entscheiden wollen. Den Wert der Lebensform, zu der sich ein Mensch entschieden hat, kann nur er selbst bemessen. Solange unser Umgang miteinander von der Achtung voreinander bestimmt ist, von der Wahrung der persönlichen Grenzen und von dem Blick füreinander, solange bleiben die Hände offen zum Geben und zum Umarmen. Kälte dagegen, die aus Ablehnung erfolgt, lässt einen mehr erzittern, als eine eiskalte Nacht. Dann wird man sich zum eigenen Schutz selbst umarmen, weil die Angst vor dem Anderen, dem Ungewissen, Gefahr vermutet und zur Abwehr anregt. Der Blick für die Vielfalt in der Natur, für Pflanzen und Tiere schenkt tausendfache Möglichkeit für verantwortungsvolles, frohes und bewusstes Nutzen. Naturkatastrophen zeigen uns allzu deutlich die Grenzen menschlicher Möglichkeiten. Vieles haben Menschen aus falschem Ehrgeiz oder aus Hochmut vernichtet, weil sie zu allen Zeiten mit ihrem „Turmbau zu Babel" beginnen. Immer wieder wollen Menschen in die Sterne bauen, in das Endlose, in den selbst erdachten Himmel und vergessen dabei zu oft den Blick zurück auf die Erde. Ich freue mich über den technischen Fortschritt, über die neuen Autos, über viele Erleichterungen in unserem Alltag, schnellere Kommunikationsmöglichkeiten und vieles, was wir zur Freude nutzen können. Aber ich sehe auch in jedem Kind einen Zeugen für den Glauben an die Zukunft. Darum ist es für mich wichtig, mit den Kindern, mit allen Menschen die Dinge, die Natur und die Zukunft zu sehen, dankbar und voller Freude im Heute zu leben und die Türen offen zu halten für das, was wir heute nur ahnen können. Wichtig heißt notwendig, die Not wendend,

Not, die wir sehen oder die wir aus fehlerhaftem Verhalten vielleicht selbst verschuldet haben. Not-wendig bedeutet somit, Gewicht auf das zu legen, was bedeutend ist, was erhalten und weiterentwickelt werden soll, damit die Zukunft kein Traum ist, sondern Wirklichkeit, die Menschen miteinander in großer Aufmerksamkeit füreinander gestalten.

Was ist wirklich wichtig? – Einen Aspekt dazu sehe ich im bewussten Blick auf das, was vor uns liegt, auf den Boden, den wir betreten.

Keine Angst, Käfer. Ich lasse dir den Vortritt. Dein Weg ist länger.

(Ernst Ferstl)

An Frühlingstagen ist es etwas Wunderbares, durch die Wälder und Felder zu streifen und zu sehen, mit welcher Kraft die Natur aus der Winterruhe erwacht. Prächtig öffnen sich Blumenkelche, entfalten sich kleine grüne Blätter an den Zweigen und lassen manch einen ausrufen: Mein Gott, wie schön ist Deine Welt! – Als Kind liebte ich es, im frischen Gras zu liegen, den Duft der verschiedenen Blumen und Gräser einzuatmen und den vielen kleinen Käfern, Fliegen oder Kriechtieren zuzusehen. Darum kann ich es sehr gut verstehen, dass Menschen wie der Insektenforscher Jean-Henri Fabre ihr ganzes Leben als Forscher für solche Geschöpfe einrichten, seine „Erinnerungen“ sind spannend und informativ zugleich. In seinen Texten wird die Liebe zu den „Objekten seiner Forschung“ deutlich.

Auf meinem Weg durch die Wiesen achte ich interessiert auf alles, was ich wahrnehmen kann. Kürzlich kam mir während eines solchen Spazierganges der Spruch von Ernst Ferstl in den Sinn: „Keine Angst, Käfer. Ich lasse dir den Vortritt. Dein Weg ist länger.“ – Natürlich musste ich schmunzeln, aber mir wurde auch klar, wie wirklichkeitsnah diese Aussage ist. Denn im

„normalen Alltag“ haben die wenigsten von uns die Zeit, auf das vor uns auf der Strasse Liegende zu achten; meist blicken wir nach vorn und gehen eilends unseren Weg. Dabei wird manches zertreten.

Nimmt man sich aber einmal die Zeit zum Spaziergang im Freien, kann man entdecken, mit welchem Fleiß z. B. Ameisen eine übergroße Last tragen, wie eilig Käfer über den Boden laufen, wie behände Insekten sich im Gras niederlassen, einen Halm erklimmen oder eine Blüte untersuchen. Das alles ist nicht sinnlos, denn diese kleinen Geschöpfe tragen dazu bei, dass Blumen und unterschiedlichste Pflanzen die Erde schmücken und uns erfreuen.

In meiner Arbeit bin ich es gewohnt, zuerst Ziele zu definieren und Ergebnisse anzustreben und dann erst zu fragen, wie komme ich dorthin. Die Naturwiese lehrt mich etwas anderes: Kein Gras, keine Blume blüht hier, weil es ihre Pflicht wäre oder sie um eine Aufgabe wüsste. Alles steht in unermesslicher Fülle zweckfrei da, gleichsam als Geschenk für alle. Dass Menschen sich darüber freuen ist Ergebnis, nicht Grund ihres Daseins; dass Kleintiere sich in dieser Vielfalt ernähren und in den Gewächsen leben, ist gegenseitiges von und miteinander leben in einer wunderbaren Schöpfung. Viele Menschen würde es mit Stolz erfüllen, wenn sie erkennen würden, dass sie einen wichtigen Part im Gesamt einnehmen, im gemeinsamen Leben in all dieser Pracht. Die Tiere und Pflanzen sind einfach nur da und leben. Mir wird deutlich, dass wir doch auch in diesem Geflecht leben, wo jeder seinen eigenen Wert besitzt. Es hat einen Sinn, dass wir alle da sind, wo wir sind, jeder an seinem Platz. Darum möchte ich den Spruch von Ernst Ferstl nicht nur auf meinem Wiesenweg beachten: „Keine Angst, Käfer. Ich lasse dir den Vortritt. Dein Weg ist länger.“ Er soll mich an die Achtung vor jedem Geschöpf erinnern.

„Was ist Ihnen besonders wichtig? Was bedeutet Ihnen das Leben?“

Das Leben lieben – die Liebe leben

Nach dem Sinn seines Lebens gefragt, antwortete der österreichische Lehrer Ernst Ferstl (*19.2.1955 in Neunkirchen): „Das Leben lieben – die Liebe leben." Wenn Ernst Ferstl von seiner Arbeit spricht, dann sagt er, er schreibe sich alles von der Seele: „Schreiben heißt sich selber lesen." Ich denke, die wenigsten von uns haben eine Biographie geschrieben, ein Buch ihres Lebens. Aber zu besonderen Anlässen hat wohl mancher schon einmal ein Gedicht verfasst, einen Sketch zu einem „runden" Geburtstag gebastelt oder für eine Person ein Lied gedichtet, weil sie einem sehr nahe steht. Ich betrachte es als einen großen Gewinn, wenn man ab und zu seine Gedanken schriftlich niederlegt und in einem persönlichen Ordner sammelt. Beim Zurückblättern in diesem „Buch des Lebens" entdeckt man viele Veränderungen seiner eigenen Sichtweisen. Aus der Rückschau erscheint das eigene Leben auf einmal gar nicht mehr eintönig. Man liest die Texte von damals und denkt: Welche Wut hatte ich damals in mir als ... Wie viel Liebe empfand ich damals für ... Wie viel Freude löste es in mir aus als ... – „Meine Güte! ich wusste ja gar nicht, dass ich so lebendig bin!" Ich denke: Es ist nie zu spät, mit einem solchen „Lebenswerk" zu beginnen. „Ich lebe und habe Zeit!" Dieses Lebenswerk ist der Spiegel meiner Tätigkeit, meines Denkens, meiner Auseinandersetzungen mit mir selbst und anderen Menschen, meine Gestaltung der Zeit. Darum könnte das Resümee des Ernst Ferstl auch über meinem und Ihrem Lebensweg stehen: „Was ich schreibe, das war ich und das bin ich." Weil ich das Leben liebe, hat es mir so viele Erfahrungen geschenkt. Ich erlebe Glück und Trauer, ich erinnere mich, wie ich problematische Situationen überwunden habe und erkenne schließlich wie Ferstl: „Ich lebe die Liebe." Oftmals sage ich zwar: „Ich habe nur Glück gehabt!" Vielleicht bin ich dem Tod noch einmal „von der Schippe gesprungen". Was hatte ich damals doch für ein großes Glück. Ich muss aber nicht nur an schwere Momente in meinem Leben denken, ich kann auch meine positiven Erfahrungen zusammentragen. Wenn ich auf mein Leben zurückschaue, wird mir viel bewusster, was dieses Wort eigentlich meint, kein „unbeschriebenes Blatt" zu sein. Ich erkenne, dass ich alle Entscheidungen stets deshalb gefällt habe, weil ich das Leben liebe. Diese Liebe hält mich noch immer am Leben. Sie öffnet mir Augen und Ohren für die Schönheit in der Natur, die Blumen, die Vögel, die großen und kleinen Tiere und nicht zuletzt für die Menschen. Im bewussten Schauen erscheint alles so bunt, so unterschiedlich. Heute ist der Himmel grau, morgen strahlt er weiß und blau. Der Gesang der Vögel am Morgen lässt keinen unberührt. Und wenn man mit einem anderen Menschen wirklich kommunizieren will, gelingt auch das Verstehen. Dann gibt es meist nur einen Schluss: „Das Leben ist wunderschön! Das Leben lieben heißt auch die Liebe zu leben."

Ich wünsche mir mehr Zeiten, die angefüllt sind mit der Vielfalt der Farben und menschlichen Begegnungen, die neu die Liebe in uns wecken.

Was ist im Leben wirklich wichtig? – „Wichtig" – das bedeutet auch, das „Wunder des Lebens" bewusst zu betrachten:

Wunder des Lebens ...

„Dass Menschen zart und berührbar bleiben, trotz der schlimmen Verletzungen, mit denen sie leben müssen, das ist keine Gesetzmäßigkeit, sondern ein Wunder." Dieser Satz hat mich betroffen gemacht. Lesen Sie noch einmal diese Worte: „Dass Menschen zart und berührbar bleiben, trotz der schlimmen Verletzungen, mit denen sie leben müssen, das ist keine Gesetzmäßigkeit, sondern ein Wunder." Ich fand diesen Satz in einem Kommentar zur biblischen Geschichte von Joseph und seinen Brüdern. – Die Brüder werfen Joseph in eine Zisterne in der Wüste. Sie hassen ihn, wollen ihn aber nicht töten. Sie überlassen den kleinen Bruder seinem Schicksal. Joseph wird von Kaufleuten gefunden und in Ägypten verkauft. In Ägypten gewinnt er jedoch bald großes Ansehen und wird ein Verwalter des Pharao. Viele Jahre später bricht eine große Hungersnot über das Land. Da kommen seine Brüder aus seiner Heimat hierher nach Ägypten und bitten den unbekannten Beamten des Pharao um Getreide. Nach all den Jahren und in der vornehmen Kleidung seiner hohen gesellschaftlichen Position erkennen sie ihn nicht, er aber erkennt sie sofort. So erzählt es das Alte Testament. Doch Joseph bestraft seine Brüder nicht für das, was sie ihm angetan haben. Unbemerkt von ihnen weint er. Noch immer rührt ihn seine Lebensgeschichte und „der große Mann“ weint. Im Lauf der Jahre hatte sich Joseph trotz der Verletzungen in seinem Leben nicht verhärtet. Er blieb in seinem Wesen zart und berührbar.

Unter Freunden erzählt man sich manchmal die Geschichte seines Lebens, um mehr voneinander zu erfahren, einander besser kennen zu lernen. Daher wissen wir, auch heute rührt viele Menschen ihre Familiengeschichte immer wieder zu Tränen. Andere dagegen empfinden nur Hass gegen Eltern oder Geschwister. Viele bleiben sogar über das Grab hinaus unversöhnt. Es ist nachvollziehbar, dass mancher seine Verletzung nicht vergessen und deswegen auch nicht vergeben kann. Aber so vertut man auch eine große Chance. Denn Vergebung schenkt Freiheit für Neues, die Chance einer Begegnung von erwachsenen Menschen, die um ihre gemeinsame Geschichte wissen und sich öffnen für neue Schritte. Diese Chance ist klein, aber wunderbar. Meist bleiben anfänglich noch Zögern und vorsichtiger Umgang miteinander. Die Tränen können aber auch das Schwere der Vergangenheit abwaschen und eine klare Sicht bringen. Die Schleier heben sich und ein gemeinsamer Weg eröffnet sich neu.

Es ist keine Gesetzmäßigkeit, dass solches Handeln gelingt. Mancher hat Zweifel, ob das „im wirklichen Leben“ gelingt. Joseph konnte seinen Brüdern vergeben. Der Mut zum ersten Schritt ist das Wunder, das die Berge auf dem Weg zueinander versetzt.

Ich wünsche jedem, der noch in seinen Verletzungen lebt, den Mut zum Wunder, zum ersten Schritt.

Loslassen? – Ja, aber ... Werte lassen sich schon finden. Doch welche sind wirkliche Werte, bleibend, was hat eigentlich Bestand?

Was hat eigentlich Bestand?

In einem Park erlebte ich, wie ein Kind laut weinend zu seinen Eltern sprang. Schluchzend und nach jedem Wort ringend erzählte es, was es eben gesehen hatte. Fasziniert hatte es eine bunt schimmernde Libelle im Licht der Abendsonne beobachtet. Es kam ihm vor, als ob die Libelle auf dem Wasser spielte. Dabei war sie dem Kind zum Greifen nahe gekommen. Plötzlich kam von irgendwoher ein Vogel, nahm die Libelle im Flug in den Schnabel und verschlang sie. In diesem Moment war für das kleine Mädchen die Welt zusammengebrochen. – Die Mutter nahm das Kind behutsam in den Arm, versuchte es zu trösten und erklärte ihm, dass die meisten Tiere Gras fräßen, wie die kleinen Käfer. Ihre weiße Maus zu Hause fräße doch so gerne Salatblätter. Aber nicht alle Tiere ernährten sich von Gras oder Gemüse. Vögel z. B. pickten gerne Körner, das kenne sie ja noch vom Futterhäuschen, das sie im Winter im Garten aufgestellt hatten. Aber die Vögel verdrückten auch gerne mal einen Regenwurm oder einen Käfer oder auch – wie eben erlebt – eine Libelle. – Der Vater wollte wohl nicht tatenlos daneben stehen und ergänzte, dass Anna doch mit Freude vorher am Kiosk die Bratwurst gegessen habe. Das war ein „Volltreffer“: Anna „schrie wie am Spieß“, wieder kullerten die Tränen über das Gesichtchen und sie schrie: „Nie, nie, nie esse ich wieder eine Wurst!“

Das Kind hatte sich eigentlich ganz natürlich verhalten. Auch Erwachsene empfinden meistens ein „eigenartiges Gefühl“, wenn sie an einem Schlachthof vorbeigehen und das Schreien der Tiere hören. Schnell sagen manche dann: „Das ist eben mal so. Wenn ich Wurst essen möchte, muss ich auch akzeptieren, dass für meine Ernährung Tiere geschlachtet werden.

Die kleine Episode im Park macht mir bewusst, wie ambivalent wir das Leben erfahren und deuten. Tausendfach haben wir im Lauf der Jahre die beiden Seiten des Lebens erlebt und uns scheinbar an diese beiden Extreme gewöhnt. In einem Atemzug sagen wir: „Das Leben ist wunderschön!" und: „Das Leben ist grausam!" Philosophen sagen: Es bedeutet den Abschluss eines Reifungsprozesses erreicht zu haben, wenn wir akzeptieren können, dass der Tod ebenso zum Leben gehört wie die Geburt. Vielleicht ist der Tod auch das wichtigste Ereignis des Lebens, denn der Tod unterstreicht die Einmaligkeit jedes Geschöpfes.

Die kleine Anna aber wird im Laufe ihres Lebens noch oftmals weinen, bis sie bereit ist, das wirklich anzunehmen, was ihr widerfährt. Anfang und Ende, Entstehen und Vergehen, Nehmen und Geben, Tag und Nacht, Sonne und Regen – das alles werden auch in ihrem Leben immer wiederkehrende Erfahrungen sein. Aber alle diese Grunderfahrungen lassen sich nur verkraften, wenn sie einen Sinn erhalten. Alles wird erlebt als Stücke eines Mosaiks, Teile eines Films, in dem unsere Rolle nicht immer von uns selbst gewählt wurde. Aber auch in höherem Alter bemühe ich mich immer wieder, die Teile zusammenzufügen, sie als zusammengehörig anzusehen, als zu mir gehörig. – Oft wünsche ich mir, dass beim Verstehen aller meiner Erlebnisse auch mir jemand seine Nähe schenkt, so wie Anna es erleben durfte. Ich wünsche mir, dass mich jemand umfängt, mit mir mein Leben anschaut, es mir zu verstehen hilft und mit mir geht. Dann lassen sich auch schwierige Situationen leichter bestehen.

Wir Menschen sind unterschiedlich, denken unterschiedlich, bewerten nach unterschiedlichen Maßstäben das Leben und alles, was wir wahrnehmen. Einer sieht etwas als „unbedeutend" an, ein anderer sieht in der alten Spieluhr einen Spiegel seines Lebens: Das „alte Ding" weiß, wer ich bin.

Mülleimer des Lebens

Gerade werden unsere Mülleimer entleert. Der Lärm der LKWs dringt durch die stille Straße, der Inhalt der Abfalleimer verschwindet in dem großen Müllschlucker. Ich empfinde es als große Errungenschaft, dass wir alles wegwerfen dürfen, was uns im Weg liegt, was kaputt ist und stinkt. Schön, dass es diesen Dienst der Müllentsorgung gibt. Meist sind es die täglichen Abfälle, die dort verschwinden. Manchmal aber auch anderes, was schon lange liegt und eigentlich nicht gebraucht wird. Bei manchen dauert es recht lange, bis einer sich durchringt, endlich das wegzuwerfen, was da im Weg ist. Manchmal wird aber auch etwas weggeworfen, das später verzweifelt gesucht wird, manches bleibt unersetzbar verloren.

Mit dem Wegwerfen von Gegenständen, Lebensmitteln und Materialien tut sich mancher Mensch aber auch sehr schwer. Doch welcher Ballast liegt erst manchem Menschen auf der Seele, weil er nicht vergeben und vergessen kann. Einer kann seinen Zorn nicht vergessen. Der wirkliche Grund für seine Wut fällt ihm zwar nicht mehr ein, aber es muss schlimm gewesen sein, weil die Wut sich so sehr gesteigert hatte und sich tief und tiefer in die Seele fraß, schon die Gesichtszüge verhärtete und kein Lächeln mehr zuließ. Kommt es dann zu einem klärenden Wort zwischen den Betroffenen, wird plötzlich der Müllhaufen der negativen Gefühle kleiner, der Berg aus Problemen nimmt ab.

Manche Menschen schleppen seit ihrer Kindheit etwas mit sich herum, das ihre Seele einschnürt wie ein verrosteter Draht, der in die Baumrinde gewachsen ist. „Du bist viel zu blöd!“, hatte der Lehrer damals gesagt, die ganze Klasse hatte dazu vor Spott gejault, und der kleine Franz kann bis heute nicht glauben, dass er doch etwas geworden ist, einen tollen Beruf hat und Erfolg. „Eigentlich kann ich gar nichts, ich hatte nur Glück!“, das bestimmt noch immer manchen Erwachsenen und hemmt ihn, seine eigenen Stärken zu nutzen. Noch bis ins hohe Alter versucht mancher, es seinem alten Lehrer zu beweisen.

Der „seelische Müll“ existiert in vielerlei Formen. Meist lässt er sich nur sehr schwer bewegen, er ist zu groß, zu grob oder zu zerbrechlich. Unsere Mülleimer vor der Haustür werden von starken Männern geleert. Und wo menschliche Kräfte nicht genügen, helfen Maschinen. Eine solche Hilfe wünsche ich mir auch im seelischen Bereich, wenn mich ein „alter Zopf“ nicht freilässt oder wenn eine böse Erinnerung zu dem rostigen Draht in der Rinde meiner Seele geworden ist.

Menschen, die nichts wegwerfen können, nennen wir „Messies“. „Seelische Messies“ fallen nicht ganz so leicht auf, ihre Müllberge befinden sich im Inneren, meist spüren sie selbst es am deutlichsten, wenn ihr Handeln von inneren Drähten und Müllbergen erschwert wird. Aber auch seelische Müllhaufen können „stinken“, wenn zwanghaftes Handeln die Kommunikation empfindlich stört. Ich wünsche mir, dass der Mut zum Aufarbeiten, zur Mülltrennung und zur Müllabfuhr – besonders im Bereich der Seele – bei jedem Menschen wächst. Das kann verhindern, dass die Menschen selbst auf dem Müllhaufen unserer Gesellschaft landen.

Wer danach fragt, was ihm wirklich viel bedeutet, was einen hohen Stellenwert in seinem Leben hat, ist manchmal überrascht, was er findet.

Wer das Leben sucht, findet Gott

„Wieder eine Nacht vorbei. Nichts hat sich geändert. Ob es je besser wird? Ich halte das nicht mehr aus!“ – Ein paar Jahre später erzählte mir ein Freund seine Geschichte. Über ein halbes Jahr lang lag er im Koma. Er hatte alles um sich herum wahrgenommen, hörte die Stimmen, erkannte, wer mit ihm am Krankenbett sprechen wollte. Auch diejenigen verstand er, die über ihn sprachen. Er wollte keinem deswegen böse sein, wahrscheinlich hätte er ähnlich gehandelt. Von heute auf morgen hatte sich sein Leben total verändert. Ein schwerer Unfall hatte aus dem erfolgreichen Börsenmakler einen

Invaliden gemacht, er selbst benutzte den Begriff „Krüppel". „Du weißt", sagte er, „mir war das religiöse Getue und das Gerede von einem höheren Wesen, einem Gott, immer recht suspekt. Eher als philosophische Idee konnte ich den Gedanken ‚Gott' zulassen. Aber während der Zeit meiner Krankheit kam mir oftmals der Gedanke: ‚Wenn es wirklich einen Gott gibt, müsste er mich jetzt sehen. Aber wahrscheinlich bin ich ihm gleichgültig, weil er mir vorher ja auch gleichgültig war. Aber wenn ja und wenn er wirklich gut ist, barmherzig und offen für die Menschen, dann hätte er jetzt Zeit für eine Begegnung mit mir.'" Mein Freund erzählte noch lange von der Zeit, in der er wahrnahm, aber kaum wahrgenommen wurde. Seine Frau, ein paar Freunde – zu denen ich auch gehörte, wie er mir versicherte – und ein junger Arzt, „der meinen Fall in seiner Dissertation verarbeitet hat", vermittelten ihm die Gewissheit: Es gibt ein paar Menschen, die glauben an Dich! In seinen „Gesprächen mit dem großen Unbekannten", wie er die Idee von Gott nannte, wurde ihm deutlich, dass er nicht von dem Gedanken loskam, mit ihm zu sprechen. – „Mit wem hätte ich denn sonst sprechen können?" – Das ging so weit, dass er eines Tages dachte: „Wenn dieser große Unbekannte nicht aus meinen Gedanken verschwindet, dann gibt es ihn vielleicht doch … Ich bin nicht doof, warum verschwende ich meine Zeit mit ihm? Ich möchte doch leben … am wirklichen Leben teilhaben, nicht nur träumen …" Nachdem er einen tiefen Schluck aus der Kaffeetasse genommen hatte, die er nur unter Anstrengung halten konnte, meinte er dann: „Gott und das Leben sind eins. Das kannst Du Deinen frommen Leuten mal sagen. Sie sollen nicht so viel flüstern und den Kopf schief halten, sondern in der Freude, im Glück, im dicksten Jubel einfach mal sagen: ‚Mein Gott, wie groß bist Du!' Das baut auf, das gibt Kraft!" „Aber", wand ich ein, „ich kann doch nicht allen sagen, ich kenne da einen Mann, der war schwer krank; und von dem soll ich euch sagen: ‚Gott ist das Leben!'" „Du kannst ihnen noch viel mehr sagen", unterbrach er mich, „Du kannst ihnen sagen: ‚Dieser Krüppel, dieser Mann, der aus dem Koma erwacht ist, schreit allen zu: Ich habe es am eigenen Leib erfahren und kann es vor allen bezeugen: Wenn Du das Leben wirklich suchst, findest Du Gott, er ist das Leben!'" Und nach längerem Schweigen fügte er hinzu: „Rede nicht viel herum: Wenn Du nach dem wirklichen Leben suchst, nicht nach Träumen, nicht nach irgendeinem Firlefanz, dann triffst Du am Ende Gott. Der macht Dir dann schon klar, wie es weitergeht."

Wenn ich an diese Begegnung denke, wird mir deutlich, wie viele Menschen – wie vordem auch mein Freund – verschwenden überhaupt keinen Gedanken an Gott, weil sie das Leben in der Hetze des Alltags suchen und den Gedanken an einen „Überirdischen" auf Später verschieben. Andere suchen, haben vielleicht ebenfalls eine schwere Krankheit und erhoffen sich die Rückkehr ins Leben. Ich weiß auch, dass die Antwort meines Freundes für viele Menschen „zu einfach" ist, „zu knapp". Dennoch weiß ich: Ein junger Mensch war ein halbes Jahr lang sich selbst ausgeliefert, der Dunkelheit und dem Schweigen. Wenn er heute daraus eine Antwort formuliert, zwingt sie mich zum Nachdenken. Darum möchte ich mir noch einmal seine Aussage verdeutlichen: „Wenn Du spürst, dass Du nur nach dem Leben suchst, begegnest Du Gott!" – Ich wünschte mir einen einfacheren Weg einer Begegnung mit Gott als die, die meinen Freund so reifen ließ.

Auch das ist wertvoll:

Einer trage des anderen Last …

„Guten Morgen! Haben Sie gut geschlafen? …" Wenn der Chef mit solchen Worten das Büro betritt, vermuten viele nichts Gutes. Dagegen wundert sich niemand, wenn er sagt: „Würden Sie das bitte übernehmen?" oder: „Ich weiß, es ist wirklich knapp und Sie sind auch unter Druck, aber wir müssen das jetzt erledigen. Ich baue auf Sie …!" – Da klingen die Zeilen eines bekannten Schlagers an: „… Du schaffst es, wenn nicht Du, wer sonst? Du schaffst es! …" Doch so leicht, wie das klingt, ist es nicht immer.

Ich erinnere mich an ein Erlebnis im Frühjahr dieses Jahres. Als ich aufwachte, herrschte strahlender Sonnenschein. Ein wunderbarer Tag. Dennoch hatte ich das komische Gefühl: Irgendetwas kommt heute noch! Spontan formulierte ich meine Sorge in mein Morgengebet: „Guter Gott, irgendetwas hast Du heute mit mir vor. Wenn es so eigenartig ist, wie ich vermute, lass es mich wenigstens rechtzeitig erkennen und gib mir Geist und Kraft für die richtigen Schritte." – Bald wusste ich, dass meine Sorge berechtigt war. Wir saßen gerade am Frühstückstisch als das Telefon klingelte. Es war mein Freund Paul: „Entschuldige bitte, dass ich so früh anrufe, aber könntest Du gleich mal zu mir kommen? Ich habe Angst, ich schaffe das nicht ..." „Ok, ich komme. Bis bald!", antwortete ich und legte auf. – Oh Gott, das wird schwer, dachte ich noch, verabschiedete mich zu Hause und fuhr zu Paul.

Schon beim Öffnen der Haustür wiederholte Paul den Satz: „Ich schaffe das nicht!" Dann vertraute er mir an, was ich schon seit ein paar Wochen vermutet hatte. Mein Freund ist Lehrer. Nun hatte er nicht mehr genug Selbstvertrauen, um vor seine Klasse zu treten. Eine Unzahl „kleiner Stiche" hatten aus dem selbstbewussten Wildwasser-Kanu-Fahrer, dem Bergsteiger und Abenteurer ein „Häufchen Elend" gemacht. Ich dankte ihm für sein Vertrauen in mich und entwickelte mit ihm eine Strategie für den heutigen Vormittag, da die Zeit drängte. Dennoch flocht ich immer wieder die Ermutigung ein, doch Hilfe von außen anzunehmen, quasi einen Coach, wie er das aus dem Training kannte. – Auf einmal stand er auf und sagte: „Ok, ich ruf Dich heute Mittag an." Ich hatte verstanden und ging. Mittags rief ein Therapeut an, dessen Namen ich ihm genannt hatte, und sagte: „Du, ein Paul X hat sich bei mir gemeldet und gemeint, ich müsse ihn sofort coachen, denn Du hättest ihn zu mir geschickt." Wir lachten beide. Dann bat ich ihn: „Ja, Paul ist ein Freund, der zur Zeit dringend Hilfe braucht. Und wenn Du für Paul etwas Zeit aufbringen kannst, wirst Du einem prächtigen Menschen zu einem neuen Lebensanfang verhelfen." „Na ja", meinte mein Gesprächspartner, „ich bin zwar nicht der liebe Gott, aber schauen wir mal ..."

Nach 14 Tagen überraschte mich Paul mit einem Anruf: „Du", sagte er, „ich musste mein Kanu mal schleppen. Du hast mir dabei sehr geholfen. Und übrigens: Du hast einen tollen Kumpel! Du weißt schon." Ich fühlte mich erleichtert. Natürlich konnte Pauls Problem nicht in so kurzer Zeit aufgearbeitet werden, aber es war ein guter Anfang. Mir war deutlich: Ich hatte richtig gehandelt und Pauls Last mitgetragen, indem ich seinem Anruf nicht ausgewichen war. In dieser Situation musste ich sofort zu ihm gehen. Aber eigentlich hatte ich Paul nur zugehört und ihn ermutigt. Nun konnte er seinen Weg weitergehen. Die Sonnenstrahlen waren auch bei ihm angekommen: „Du schaffst es, wenn nicht Du, wer sonst? Du schaffst es!"

Ändern – Neues gestalten

„Ich möchte vieles ändern, mich, meine Umwelt, meine Art, im privaten und beruflichen Leben zu agieren, meine Umgangsformen, eigentlich alles!" – Ein bisschen viel, denke ich und „Nur zu", antworte ich, „dann fang am besten noch heute damit an!"

Nicht nur der Beruf stellt hohe Anforderungen an jeden von uns, schon in den Schulen werden Kinder und Jugendliche herausgefordert, mancher fühlt sich dabei leicht überfordert. Im zwischenmenschlichen Leben ist das oft nicht anders.

„Wenn ich noch einmal leben könnte, im nächsten Leben würde ich versuchen, mehr Fehler zu machen."

Jorge Luis Borges

Die Schule mit ihren hohen Anforderungen an Schüler und Lehrer lässt den Stressfaktor bei allen schnell in die Höhe gehen. Die Zeit, dass Kinder froh und frei spielen können, ist längst vorbei. Nach den Ferien geschah es: In einer Klasse gibt es einen leeren Stuhl; er bleibt unbesetzt, weil nach der Zeugnisausgabe vor den Sommerferien dieser Mitschüler keinen anderen Ausweg aus seinen Ängsten vor zu Hause und seiner Zukunft sah, als dass er vor einen Zug sprang und so seinem Leben ein Ende setzte. Alle waren entsetzt, die Eltern waren verzweifelt und fanden keine Erklärung für das Handeln ihres Kindes, Lehrer konnten es nicht verstehen und keiner der Mitschüler hatte es geglaubt als Frank sagte: „Wenn ich es wieder nicht schaffe, bringe ich mich um!" Eine Statistik über das Jahr 2010 sprach von 24 Suiziden bei Jugendlichen im Alter von 10 bis 15 Jahren. Diese auf das gesamte Bundesgebiet bezogene Statistik ergänzt, man könne davon ausgehen, dass auf jeden tatsächlichen Suizid ca. 20 bis 30 Suizidversuche in dieser Gruppe anzunehmen seien.

Das sind erschreckende Zahlen. Und das, obwohl es seit Jahren psychologische Beratungsstellen gibt, an manchen Schulen zudem noch Schulseelsorger, die das bisherige Bemühen unterstützen und beim Aufbau einer Schulkultur helfen sollen, in der in einem guten Miteinander von Schülern und Lehrern größere Probleme recht bald angegangen und verarbeitet werden können; solch schreckliche Ereignisse sollen möglichst nicht vorkommen.

Die Angst vor dem Versagen schnürt manchem Menschen im wahrsten Sinn des Wortes die Kehle zu, ganz gleich in welcher Altersphase er sich befindet. Der Druck heißt: Du musst – sonst bist Du nichts! Du musst ein gutes Zeugnis haben, Du musst das Abitur machen, Du musst einen guten Beruf erreichen, sonst bist Du nichts wert! – Aber wer setzt diese Maßstäbe? Ist ein Mensch wertvoller als ein anderer, nur weil er vor Intelligenz glänzt, ein Studium nachweisen kann oder im schwarzen Anzug in sein Büro tritt? Ich sehe da einen Wert, den ich persönlich viel höher einschätze: *Menschlichkeit* ist doch das Gütezeichen eines Menschen. Jemand, der einfach da sein kann, der ein Auge für den Anderen hat, Hände, die anpacken ohne lange zu fragen, der verkörpert Werte, die nicht an Äußerlichkeiten gebunden sind und nach denen jeder sich sehnt. Eine solche Grundeinstellung kann man sich aber durch kein Studium aneignen, entweder bringt einer das mit oder er muss mehr Menschlichkeit in seinem Verhalten entwickeln, indem er auf sein Gefühl achtet und auf das, was ihm gut tut. Das nämlich, was ihm gut tut, das ist auch für andere gut und wichtig: Nähe, Herzlichkeit, miteinander sprechen, lachen und weinen.

Der argentinische Dichters Jorge Luis Borges sagte:

„Wenn ich mein Leben noch einmal leben könnte, im nächsten Leben würde ich versuchen mehr Fehler zu machen. Ich würde nicht so perfekt sein wollen, ich würde mich mehr entspannen. Ich wäre ein bisschen verrückter als ich es gewesen bin, ich würde viel weniger Dinge so ernst nehmen. Ich würde nicht so gesund leben. Ich würde mehr riskieren, würde mehr reisen, Sonnenuntergänge betrachten, mehr Bergsteigen, mehr in Flüssen schwimmen." – Dieser Text, den der Dichter im Alter von 85 Jahren schrieb, macht mich stutzig. Viele Menschen sagen doch eher: „Könnte ich noch einmal von vorne anfangen, ich würde versuchen, alles besser zu machen." Allgemein gilt es als besonders ehrenhaft, dass man immerzu nach Höherem strebt, nach Idealen, nach fehlerlosem Glanz. Ich erinnere mich noch gut an meine Schulzeit, damals wurde ein Ausspruch Platos zum Jahresspruch für uns Schüler bestimmt, er lautete: „Ad altiora natus sum!" – „Zu Höherem bin ich geboren!" – das waren die pädagogischen Ziele, die nicht nur die humanistisch geprägten Schulen vermittelten. In das Denkschema des so genannten „Christlichen Abendlandes" passen solche Wertvorstellungen antiker Dichter besser als ein Ideal, das zum Fehlermachen anregt, das sogar mehr Fehler einräumen möchte als in einem Menschenleben möglich sind. Vielleicht gewann gerade darum der Text von Jorge Luis Borges meine ganze Aufmerksamkeit.

Als junger Mensch befasste ich mich sehr eingehend mit dem christlichen Glauben. Interessant war er für mich auch deswegen, weil ich dort erfuhr, dass Menschen mit Fehlern nicht verurteilt werden, sondern dass Gott solche Menschen besonders liebt: „Gott hasst die Sünde, aber er liebt den Sünder!" Dieses Bild eines christlichen Gottes sprach mich an. Einen solchen Gott suchte ich, bei ihm konnte auch ich mich wieder finden. Denn niemals in meinem Leben habe ich mich fehlerfrei gefühlt, sondern oft habe ich mich bei einem anderen dafür entschuldigt, dass ich ihn verletzt habe. Eine besonders wichtige Antwort in meinem Suchen fand ich in einer Antwort Jesu an die Pharisäer. Diese hohen Führer und Lehrer des Volkes Israel sehnten sich nach einem Propheten und Retter, einem Messias, der ohne Sünde ist und der Recht und Ordnung in die Welt bringt, der deshalb die Gesetzestreuen besonders beachtet. Darum nahmen sie auch Anstoß an Jesus. Sie hatten kein Verständnis dafür, dass er sich um öffentlich bekannte Sünder kümmerte, dass Dirnen und Zöllner zu seiner Jüngerschaft gehörten. Auch nahmen sie ihm übel, dass er offenbar die Gastfreundschaft dieser Menschen am Rand der damaligen Gesellschaft höher schätzte als die ihrige. Jesus antwortete auf ihren Vorwurf und wies sie auf die Schrift hin, die ihnen sehr vertraut war und aus der sie ja voller Überzeugung leben wollten; er sagte: „Geht und lernet verstehen, was das heißt: ‚Erbarmen will ich und nicht Opfer.' Denn ich bin nicht gekommen, Gerechte zu berufen, sondern Sünder." (Mt 9, 13)

Ich verstehe diesen Satz nicht so, als ob Sünder belohnt würden, ihr Tun gar als erstrebenswert gelten soll. Natürlich muss man jungen Menschen Ideale und hohe Ziele vermitteln, weil anderenfalls die menschliche Gesellschaft Schaden erleidet. Doch vollkommen ist niemand, und es gehört zum menschlichen Leben, dass es auch scheitern kann.

Aber auch die Worte des Argentiniers Jorge Luis Borges lassen mich nicht los, immer wieder kommen sie mir in den Sinn und ich frage mich, ob er nicht nur vertraute Erziehungsziele durch andere Worte ersetzt. Die meisten Menschen sehen es als „normal" an, dass Kinder Fehler machen, machen dürfen und sollen. Sie sollen ja aus den Fehlern lernen. Jedem ist klar, dass ein Kind erst dann begreift, was „heiß" bedeutet, wenn es mit seinen Händen auf den heißen Herd gefasst hat; jetzt hat es den Sinn erfasst. Wenn Mama wieder „heiß" ruft und „nein", dann wird es auf den Herd zeigen und sagen: „Da, heiß". – Für Jugendliche eröffnen wir Abenteuerspielplätze, Kletternetze und andere Modelle, um sie im geschützten Raum an Grenzen zu führen. Sie sollen durch Erleben und Reflektieren dieser Erfahrungen lernen, zu welchen weiteren Schritten sie noch fähig sind, andere als die, die sie sich bislang zugetraut haben. In diesen Lebensphasen üben sich die meisten Eltern und Erzieher in Geduld, auch wenn insgeheim die Angst um das Wohl des Kindes bleibt. Aber irgendwann ist plötzlich alles vorbei. Spätestens mit dem Eintritt in das Berufsleben beginnt der eigentliche „Ernst des Lebens". Wer sich jetzt noch Fehler erlaubt, muss u. U. noch einmal einige Sprossen seiner Karriereleiter erklimmen. Man verurteilt ihn sehr schnell und sagt: „So lange der sich so verhält, kann man ihm keinen verantwortungsvolleren Posten übertragen! Was soll denn aus dem Unternehmen werden?" – Andererseits scheint auch niemand einen Widerspruch darin zu sehen, wenn man von einem erfolgreichen Unternehmer sagt: „Der ist gut! Der wagt etwas! Sein Mut hat sich gelohnt!" Und wie selbstverständlich schließt sich das Sprichwort an „Wer wagt, gewinnt!" – Ja, wie denn nun? Entsprechen Bravsein, Strebsamkeit, Korrektheit und sicheres Auftreten dem „Maß aller Dinge“, dem Ideal, dem Höheren, zu dem ich geboren bin? Oder haben Wagemut, Risikobereitschaft, Suche nach Neuem und die Bereitschaft sich dabei zu irren, Fehler zu begehen und neu beginnen zu müssen den höheren Stellenwert? – Ich denke, wenn wir aus allen genannten Begriffen eine neue Werteskala entwickeln, wird das Berufs- und Alltagsleben, das Zusammenleben insgesamt, besser und menschlicher. Aus der Einsicht und Bereitschaft, sich bis zum Tode hin als lernender Mensch anzunehmen, folgt das Akzeptieren von Irrwegen im eigenen Leben, Reflexionsvermögen und Umkehrbereitschaft, Wahrnehmen des Mitmenschen als Suchendem, der Antworten braucht, einen Arm, der ihn auffängt und hält und der Mut zum Selbsteinsatz über die eigenen Grenzen hinaus. Ein Mensch wächst an dem, was er an Ermutigung erfährt oder an menschlicher Wärme gerade dann, wenn er in ein kaltes Loch gestürzt ist.

Als erwachsener Christ erinnere ich mich wieder an die Botschaft Jesu und daran, dass es diesem Gott so wichtig ist, sich um die Armen, Schwachen und Kranken zu sorgen, so dass er in unsere Welt tritt und die Betonung seines Evangeliums sogar mit der Kreuzigung bezahlt: „Ich bin nicht gekommen, Gerechte zu berufen, sondern Sünder!“ – diese Aussage steht für alle Zeit. Ich kann mich davon ermutigen lassen, wenn ich selbst am Boden liege. Gestärkt daraus kann ich auch andere aufrichten, die meine Hand brauchen, meine Augen und meine Nähe.

Ich empfinde jeden Tag als einen wunderschönen Tag. Dabei ist für mich nicht entscheidend, ob Sonnenschein zum Wandern einlädt oder ob ich einen Schal brauche, weil es draußen erbärmlich kalt geworden ist. Das Schöne liegt darin, dass mich ein Gedanke fesselt und der Wunsch, diesen auch recht bald umzusetzen. Mir ist im Bedenken der zunächst paradox klingenden Wahrheit frohmachend klar geworden, was es heißt, täglich – also auch heute – die Chance zu einem Gespräch über Fehler zu finden, über meine Fehler und die von Menschen, mit denen ich zusammen lebe, und über das, was jeder von uns daraus zu lernen bereit ist. Es ist die Chance für die Zeit, dem Partner zuzuhören und Fehler einzusehen, die ich nicht wahrhaben möchte. Ja, ich begreife, dass das Eingeständnis von Fehlern mir zeigen kann, wie lebendig ich bin, unterwegs, immer noch ein Lernender und bereit etwas zu entwickeln. Dieses Wissen ermöglicht es mir auch, andere Menschen zu lieben, weil auch sie Fehler haben und nicht vollkommen sind. Andere müssen nicht auf einem Podest stehen, damit ich sie verehren kann. Das Eingestehen von Fehlern kann uns Menschen zusammenführen auf dem Weg zu wirklicher Menschlichkeit, voller Wärme für den anderen und fest in der Überzeugung, dass Gott uns umfängt und hält. Denn er liebt ja gerade den Sünder, der bereit ist umzukehren.

Der Mut zum Verändern macht nicht Halt vor mir selbst. Ich muss ich mir die Frage stellen: „Wer bin ich?" – Vor kurzem fand ich eine erstaunliche Antwort morgens im Badezimmer.

Wer bin ich?

Es ist früh am Morgen. Noch etwas verschlafen und mit wirren Haaren schaue ich in den Spiegel: „Hallo", sage ich zu dem Gesicht, das mich von gegenüber anschaut. „Wie siehst Du denn aus? Kenne ich Dich?" – „Wer bin ich?" – das ist eine häufig gestellte Frage. Kleine Kinder tun sich leicht, wie z. B. Susi, die stolz ihr Töpfchen zeigt und sagt: „Susi hat AA gemacht!" Aber für den heranreifenden jungen Menschen hat die Frage bereits existentielle Bedeutung: „Gefalle ich mir? Bin ich stark genug, bin ich schön? Bin ich zufrieden?"

Der österreichische Aphorismen- und Gedankensammler Ernst Ferstl gibt eine Antwort auf die Existenzfrage. Er sagt: „Die Menschen lassen sich heutzutage leicht in vier Gruppen einteilen: In die Reichen, die Schönen, die Gescheiten und – die überwiegende Mehrheit." Auf den ersten Blick scheint diese Einschätzung recht oberflächlich zu sein. – Trotzdem kann man sich nach dieser Kriterienauswahl wieder finden. Fragt man sich allerdings: Bin ich *nur* reich, *nur* schön, *nur* gescheit – oder gehöre ich *nur* zur „überwiegenden Mehrheit", dann beginnt man zu schwimmen. Es eröffnet sich ein riesiges Spektrum möglicher Werteskalen. Bestimmt allein der Beruf meinen Wert, allein der soziale Stand? Auch die äußere Erscheinung, Schönheit, sportliches Aussehen oder ähnliche Kriterien bestimmen für manchen die Rangfolge. So vielschichtig wie die Menschen sind auch die Gedanken und Wertvorstellungen, die alle jeweils alleinige Gültigkeit haben wollen. Die persönliche Antwort wird jeder gemäß seinen Wertemaßstäben formulieren, so wie er sich selbst beurteilt.

Das Spiegelbild im Badezimmer hat mir signalisiert: Du bist noch nicht offen, Du musst Dich noch auf andere einstellen. – Im Laufe des Tages nehme ich wahr, wie viele stumme oder ausgesprochene Botschaften von anderen Menschen sich in ihren Gesichtern spiegeln. Wenn ich bereit bin, diesen Menschen *wirklich* zu begegnen, ihre Botschaft anzuhören und an mich herankommen zu lassen, bieten sie mir genug Möglichkeit zur Selbstkorrektur oder Bestätigung.

„Wer bin ich?" – Die Antwort auf diese Frage hat viele Facetten. Jede Situation fordert einen neu. Wird man dem auch gerecht? In solchen Gedanken spiegelt sich auch die Vielfalt menschlicher Seins- und Erscheinungsformen: Heute bin ich der, morgen der und übermorgen wieder ein anderer. Mit Oberflächlichkeit oder Wechselhaftigkeit hat das nichts zu tun. Vielmehr erscheint diese Antwort eher ganz ehrlich zu sein. – Ich wünsche mir, dass ich sagen kann: Im Grunde meines Wesens bin ich da. Ich bin da, wie ich gebraucht werde. In diesem Dasein kann ich mich finden. Im Grunde bin ich jemand, der gerne anderen begegnet und in diesen Begegnungen offen und vielseitig ist, je nach dem, wie es die Situation erfordert. Meine Frage führt mich weiter zu Nelson Mandela.

Nelson Mandela stand oft im Mittelpunkt der Nachrichten aus aller Welt. Den „südafrikanischen Nationalheiligen", wie ihn manche voller Bewunderung nennen, hat seine innere Kraft niemals verlassen. Diese Kraft schenkte ihm den Mut, den weißen Machthabern zu vergeben. Seiner Kraft ist es zu verdanken, dass Frieden in seinem Land einkehren konnte. Bis dahin unterschieden sich die Menschen eher nach dem Kriterium Unterdrücker zu sein oder Unterdrückte.

Viele Texte von Nelson Mandela wurden in den Zitatenschatz der Weltliteratur aufgenommen. Ein Text spricht mich besonders an, er öffnet einen weiteren Aspekt beim Betrachten der Frage: Wer bin ich? – Mandela sagt:

Unsere tiefste Angst ist nicht,
dass wir der Sache nicht gewachsen sind.
Unsere tiefste Angst ist,
dass wir unermesslich mächtig sein könnten.
Es ist unser Licht, das wir fürchten
und nicht unsere Dunkelheit.
Wir fragen uns:
Wer bin ich denn eigentlich,
dass ich leuchtend, hinreißend, begnadet und phantastisch sein darf?
Aber wer bist du denn,
dass du das nicht sein darfst?

Nelson Mandela selbst ist ein glaubwürdiger Zeuge für die Logik dieses Textes. Ein Blick auf den nackten Fußboden seiner Gefängniszelle lässt ahnen, welche Kraft der Insasse aufbringen musste, um während seiner 27-jährigen Haft nicht zu verbittern. Kälte und Demütigungen konnten ihn nicht bezwingen. Mandela munterte Mitgefangene auf. Als Wiedergutmachung für unzählige Schmähungen, als Lohn für seine Beständigkeit und als Krönung seines Lebens konnte er erleben, dass die Gefängnistüren sich öffneten und ihm politische Macht anvertraut wurden. Vielleicht formulierte er damals diesen Gedanken: „Es ist unser Licht, das wir fürchten und nicht unsere Dunkelheit." Wenn ich seinem Text folge, komme auch ich zu den Fragen: „Wer bist du eigentlich, dass du das alles sein darfst oder wer bist du eigentlich, dass du das alles nicht sein darfst?"

Mit Nelson Mandela denke ich: Jedem Menschen wurde von Gott

menschliche Würde gegeben. Aber nur der behält diese Würde, der sich nicht verbiegen lässt. Reichtum, Macht, Kenntnis oder Können machen nicht die Würde eines Menschen aus. Armut, Unfähigkeit, Unkenntnis und Ohnmacht mindern andererseits keineswegs die menschliche Würde. Würde zeigt sich in menschlichen, offenen und geradlinigen Umgang mit anderen. Hochherzigkeit und das Vertrauen in das Gute im anderen lassen es erst gar nicht zu, dass jemand einen anderen demütigt. Vielmehr liegt im Vertrauen die Kraft, trotz andersweiliger Erfahrung Demütigungen zu ertragen. Christen haben dafür ein unübertreffliches Beispiel in Jesus Christus. Nelson Mandela hat das begriffen und glaubwürdig gelebt. Darum ist er auch für mich mehr als nur ein „südafrikanischer Nationalheiliger". Seine Frage nehme ich mit, wenn ich frage: „Wer bin ich denn eigentlich?" – Ich wünsche mir viel öfter eine froh machende Antwort. Vielleicht schaut dann das Gesicht im Spiegel morgen auch schon viel offener aus.

Ändern – Neues selbst gestalten! – Das ist eine große, aber schöne Herausforderung! Ich schaue mich um, frage und suche, wie andere Menschen dieser Herausforderung begegnen. Dabei fand ich einen Aspekt, den ich so nicht erwartet hätte:

„Heute, nur heute werde ich eine gute Tat vollbringen, und ich werde es niemandem erzählen."

(Regel Nr. 6 aus: P. Johannes XXIII., Die zehn Regeln der Gelassenheit)

Im Blick auf meine eigene Lebens- und Glaubensgeschichte wird mir manchmal deutlich, wie prägend einige Menschen dabei für mich waren. P. Johannes XXIII. ist eine dieser Persönlichkeiten. Er ermutigte die katholische Kirche „die Fenster zu öffnen“, obwohl ihr von draußen oft eisiger Wind entgegenschlug, zu gehen, obwohl jeder Schritt ins Ungewisse führte. Besonders seinem Engagement ist es zu verdanken, dass die christlichen Kirchen sich näher gekommen sind, sich offen begegnen, ohne Ängste voreinander und gegenseitige Verurteilungen, sondern bereit sind, voneinander zu lernen, miteinander zu glauben und zu leben. Dabei war P. Johannes XXIII. kein attraktiver „Star“, kein Mensch, auf den alle „flogen“. Später war sogar zu hören, er sei eher als ein „Zwischenpapst“ gewählt worden, weil man auf einen großen Führer warten wollte, aber keinen sah. – Wiederholt sich das nicht immer wieder? – P. Johannes XXIII. wurde der große Mann. Ein großes Werk während seines Pontifikates ist die Einberufung des II. Vatikanischen Konzils.

Neben seinem Lebenswerk hat mich aber auch mancher Text beeindruckt, der von ihm veröffentlicht wurde. Eine besondere Rolle dabei spielt seine Textsammlung „Die zehn Regeln der Gelassenheit“. Hieraus wähle ich die Regel Nr. 6: „Heute, nur heute werde ich eine gute Tat vollbringen, und ich werde es niemandem erzählen.“ – Von manchen Menschen sagt man, sie seinen große Rhetoriker, sie könnten wunderbar reden, sie hätten auch die eine oder andere packende Rede gehalten, geschichtsprägend, vorantreibend. Viele dieser Reden wären jedoch längst verklungen, würden sie nicht in Büchern oder in Elektrodateien gespeichert und so für die Zukunft konserviert. Gute Werke wirken nicht dadurch weiter, dass man über sie spricht, sondern allein dadurch, dass sie getan werden. Solche Taten ermutigen zum Mittun, zum Nachahmen und werden so zu einem „Flächenbrand der Liebe“. Ich denke dabei u. a. auch an Henri Dunant, den Gründer des Roten Kreuzes. Er erkannte, dass seine Hilfe über die Ländergrenzen hinausgehen müsse, sollte sie wirklich wirksam werden. Alle Steine, die ihm in den Weg gelegt wurden, konnte er durch Zähigkeit und Beständigkeit ausräumen. Heute ist sein Werk zu einer Einrichtung gewachsen, die in allen Ländern der Erde wirkt. – Ich denke auch an die junge Elisabeth von Thüringen, deren Name durch ihr unermüdliches Tun zu einem Synonym für Barmherzigkeit wurde. – Auch an Vinzenz von Paul erinnere ich mich, auf den sich die Ordensgemeinschaft der Vinzentinerinnen beruft; sie erhielten durch ihr Tun den Ehrennahmen „Barmherzige Schwestern“. – Auch eine unscheinbare Frau wie jene belgische Nonne, aus der die große „Mutter Theresa von Calcutta“ wurde, ermutigte Tausende junger Frauen dazu, sich ihr anzuschließen und den Ärmsten dort nahe zu sein, wo keiner mehr an sie denkt. Viele Zeichen solcher Menschen, die es auch heute unter uns gibt, wirkten auf andere Menschen, entzündeten in ihnen ein Feuer und schufen so den Anfang einer Welle der Mitmenschlichkeit. – Am Anfang stand der Blick für den anderen, das Bewusstsein, Du musst, kannst und willst jetzt etwas für andere tun – und es geschah. Es setzte sich fort und wurde zur Hoffnung, auf der manche ihr Leben bauen.

Ich wünsche mir, dass ich immer wieder einmal nur deswegen handle, weil ich eine gute Tat vollbringen möchte und nicht, weil ich darüber reden möchte. Ich hoffe, dass sie in demjenigen Gutes bewirkt, der sie erfährt und dass das Gute so ohne große Worte weiterwirkt.

Neues gestalten führt auch dazu, Höhen und Tiefen zu erleben, heute Erfolg, morgen eine Niederlage. – Ich denke an einen Freitag nach einem Feiertag, einem „Brückentag“, wie er allgemein genannt wird ...

„Höhen und Tiefen. Zwischen den Gegensätzen findet sich die Heimat.“

(Ernst Ferstl)

Seit einigen Jahren sind „Brückentage“ im Arbeitsablauf von Betrieben und Verwaltungen zu einer festen Einrichtung geworden. Wer geschickt plant, kann dank der „Brückentage“ in seinen Jahresurlaub manches verlängerte Wochenende einbauen und so mehr Freizeit gewinnen. – „Brückentage“ nennen wir solche Tage, weil wir wissen: Brücken verbinden die beiden Ufer eines Flusses, sie überwinden Höhenzüge und sollen so das Hinabfahren in tiefere Regionen und einen erneuten Aufstieg auf der gegenüberliegenden Seite vermeiden. – Brücken schenken Zeit.

Da stellt sich mir die Frage: Was mache ich mit der gewonnenen Zeit? Wird sie mir in der Planung meines Lebens helfen? Nutze ich die gewonnene Zeit für mich oder zum Kontakt mit anderen Menschen? Manche Menschen erfinden Hunderte von Modellen, nur um die Zeit „tot zu schlagen“. Der Freizeitmarkt boomt.

Eine ganz andere Lebenserfahrung formuliert der Schriftsteller Ernst Ferstl, er sagt: „Es gibt Höhen und Tiefen. Zwischen den Gegensätzen findet sich Heimat.“ – Mir gefällt diese Aussage. Jeder Mensch erlebte und erlebt im Laufe seines Lebens Höhen und Tiefen, Auf und Ab. Ich möchte es anders sagen: Auf jedes Tief folgt ein Hoch, jedem Ab folgt ein erneutes Auf. Ich habe es überwiegend so erfahren: Jedem Regen folgt Sonnenschein, in keiner Niederlage bin ich liegen geblieben; stets folgte dem Ab auch ein Auf. Nach einem Tief ging es stets wieder aufwärts. Und immer konnte ich etwas daraus lernen: Ich werde mich zukünftig anders verhalten! Meist fand ich auch die Gewissheit: So habe ich damals die Situation gemeistert, es hat geholfen. Auf meinem Lebensweg habe ich immer wieder ein Stück mehr zu mir gefunden. Sei es der Tod eines lieben Menschen, den ich betrauerte, Krankheiten, die mich in Naherfahrungen des Todes brachten oder Probleme, die unüberbrückbar erschienen. Aus all diesen Erfahrungen habe ich gelernt, konnte mich besser kennen lernen, sah meine Mitmenschen in einem anderen Licht und meine Umgebung aus einer anderen Perspektive. Der Begriff „Heimat“ den Ernst Ferstl wählt, beschreibt auch meine Erfahrungen recht gut. Denn auch aus meiner Heimat kann ich mich gestärkt hinweg begeben. Aber ich darf auch zurückkehren, neue Kräfte sammeln, mich aufbauen lassen von mir vertrauten Menschen, von Menschen, die mich lieben. Ich bin ihnen wichtig und sie mir. Auch Landschaften werden zu meiner Heimat, zu einem

Ort, an den ich immer wieder gerne zurückkehre. Täler und Höhen prägen das Bild meiner Heimat wie das Bild meines Lebens. Hier atme ich Freiheit.

Neues wagen beginnt mit dem ersten Schritt.

Kalenderweisheiten

„Kannst Du bitte mal Deinen Kalender holen? Wir müssten noch ein paar Termine absprechen!“ So beginnt ein Gespräch mit meinem Kollegen, meiner Kollegin oftmals am Morgen. Schon bald sind wir fertig mit unserer gemeinsamen Planung, haben Tage festgelegt, Rahmen abgesprochen für gemeinsame Unternehmen. Viele kennen das. Vordergründig betrachtet geht es nur um das Datum. Im Hintergrund aber schwingen Gefühle mit und Fragen: Möchte ich mit dieser Person wirklich zusammen sein, vielleicht sogar mehrere Tage? Warum suche ich Gründe, damit ich den einen oder anderen Termin nicht wahrnehmen muss oder die Konferenz absagen kann? Bestimmte Termine habe ich mit Tinte in meinen Kalender eingetragen, obwohl ich doch sonst nur einen Bleistift benutze, damit ich meinen Eintrag auch schnell wieder löschen kann. – Ich spüre: Mein Kalender verrät viel mehr von mir als nur Daten, Zeiten, in denen ich „belegt“ bin. Er verrät, was ich denke und fühle. Das aber soll der andere nicht merken, wenn wir Termine besprechen; da möchte ich gerne meine Maske aufbehalten, um mich zu schützen. Vielleicht wäre das gar nicht nötig, aber ich tue es trotzdem und halte mich bedeckt.

Diese Erkenntnis führt mich zu der Frage: Wie ehrlich spreche ich eigentlich mit anderen? Plaudere ich nur oder bin ich wirklich interessiert? Habe ich anderes im Kopf oder wende ich mich wirklich meinem Gegenüber zu? Von meinem Gegenüber erwarte ich selbstverständlich, dass ich ihm oder ihr wichtig bin. Ich selbst aber ertappe mich manchmal dabei, dass ich diese Erwartung nicht einlöse. Manchmal verwende ich nur Floskeln und bin gar nicht an einem echten Gespräch interessiert. Natürlich werde ich nicht sagen: „Ich mag Dich nicht, deswegen höre ich nicht richtig zu oder will Dich gar nicht treffen!“ Oft habe ich die Entscheidung auch gar nicht in der Hand. Es gibt die Verpflichtung zur Zusammenarbeit, ob ich es innerlich will oder nicht. Manchmal hat diese aber auch dazu geführt, dass ich Seiten an einem anderen Menschen kennen gelernt habe, die mir vorher gänzlich unbekannt waren. Der andere wurde interessant, weil ich ihn mehr und mehr wahrgenommen habe, weil ich ihm wirklich zugehört habe und Interesse an ihm fand.

Jetzt schaue ich wieder in meinen Terminkalender. Ich will Neues wagen. Darum nehme ich mir vor, die Menschen, denen ich heute begegnen werde, wirklich wahrzunehmen. Sie sollen mich ihnen zugewandt erleben, offen, fragend. Ich möchte sie verstehen. An der Konferenz werde ich teilnehmen, weil ich mit diesem Team doch etwas Gemeinsames schaffen will. Ich will dieses gemeinsame Ziel deutlicher werden lassen, will meinen Beitrag leisten, damit wir es erreichen. Sicher gelingt das besser, wenn wir einander kennen lernen.

„Kannst Du bitte mal Deinen Kalender holen?“ – mit dieser Frage werde ich künftig die Mahnung verbinden, mich mit meinem Gegenüber näher zu befassen und die hinter den Worten stehende Frage zu hören: „Willst Du Dir Zeit nehmen für mich? Bin ich Dir wichtig?“ – Mit einer solchen Einstellung, da bin ich ganz sicher, wird manches leichter, Neues gelingt.

Ändern, Neues gestalten – das setzt Ideen voraus, Visionen, Spinnereien. Und es macht Freude. Diese Freude vertreibt die Angst vor dem Unbekannten, sucht Ziele und wächst zu der Überzeugung, dass Utopien Wirklichkeit werden.

Lernen ist Spinnerei – es ist das Weben von Zusammenhängen.

„Du spinnst doch! Wie kannst Du nur so etwas denken?“ – Ja, denke ich, wie kann ich nur so etwas denken? Meine Gedanken scheinen meinem Gegenüber so „weltfremd“, undenkbar, ungedacht, dass er mir nicht folgen kann. Doch im Äußern jeder Überlegung liegt eine gewisse Logik. Selbst unlogische Zusammenhänge bleiben in sich logisch, auch dann wenn oder gerade weil sie den anderen belustigen oder unterhalten sollen.

Der Philosoph und Psychologe C. G. Jung hat einmal formuliert: „Jegliches Denken und Geschehen kommt aus dem Fluss des Ewigen und kehrt in diesen zurück.“ Was für ein unglaublicher Satz! Ich sehe in ihm einen Blick in die Unendlichkeit allen Denkens und Geschehens. „Jegliches Denken und Geschehen kommt aus dem Fluss des Ewigen und kehrt in diesen zurück.“ Diese Aussage besagt allerdings auch eine Begrenzung. Auch die Ewigkeit scheint nicht unendlich, hat sie Grenzen, die wir jetzt noch nicht erkennen?

Eigentlich höre ich es gern, wenn jemand zu mir sagt: „Du spinnst ja!“ Denn ich weiß, in meinen Spinnereien entwickle ich Gedanken. Ich versuche das weiter zu entwickeln, was ich schon kenne, gelesen oder gehört habe, und bereichere es durch meine Wahrnehmungen, Schlüsse und logischen Erkenntnisse. So möchte ich ein Stück der Ewigkeit mitgestalten, von der C. G. Jung spricht. Mein Spinnen ist Entwickeln. – So verstehe ich auch den Satz eines Philosophen: „Lernen ist Spinnerei – es ist das Weben von Zusammenhängen“. Diese Ermutigung lässt mich weiterspinnen: Ich lerne und entwickle, bin bewusst und gestalte. Dieser Weg bereitet mir Freude. – Darum versteht jeder sicher gut, wenn ich mir wünsche, wir sollten alle viel öfter den Mut finden, etwas zu spinnen ... und dass irgendjemand in unserem Bekanntenkreis sagt: Du spinnst wohl! – Und damit beginnt etwas Neues ...

Neues wagen erinnert an die Rateshow „Alles oder nichts!"

Alles oder nichts!

Wahrscheinlich kennen Sie noch die Rateshow „Alles oder nichts!" – Es scheint, als läge in diesem Spiel eine – im tiefsten Sinn des Wortes – „unheimliche" Spannung. Mancher versteht darunter nur den Vojeurismus in der großen Zahl der Fernsehzuschauer. Andere sehen unreflektiert ein spannungsreiches Spiel. Angespannt nehmen die Zuschauer wahr, ob ein Teilnehmer Millionär wird – oder alles verliert. Wagen die Spieler – wagen sie nicht, überlegen sie oder entscheiden sie unüberlegt, das alles erzeugt bei den Zuschauern diesen Nervenkitzel. Dem einen Mitspieler gönnt die Mehrzahl laut TED-Umfrage den Gewinn. Ein anderer wird noch am selben Abend über das Internet beschimpft, verspottet oder mit dem Vorwurf konfrontiert, er habe betrogen.

Der dänische Theologe und Philosoph Sören Kierkegaard, scheint zu seiner Lebenszeit von 1813 bis 1855 ein dem Spiel „Alles oder Nichts" ähnliches Modell gekannt zu haben. Seine Gedanken lassen diese Vermutung zu, denn er schreibt: „Riskieren bedeutet, eine Weile den Boden unter den Füßen zu verlieren. Nichts zu riskieren bedeutet, das ganze Leben zu verlieren."

Liebende verstehen sehr schnell die Bedeutung dieses Satzes von Sören Kiekegaard. Klingt sie doch ähnlich wie die Aussage „Für Dich würde ich alles tun!" Das ist für sie keine leere Floskel. Liebende sind bereit, ihr Leben füreinander zu verändern. Sie verlassen ihre vertraute Umwelt, ihre Familie, ihren Beruf, weil das Zusammensein mit dem anderen das erforderlich macht. Sie riskieren alles, weil sie vertrauen und lieben. Der Preis dafür ist ein spannendes Leben mit einem geliebten Menschen.

Aus dem Handeln der Liebenden lassen sich Verhaltensmuster ablesen, die manchmal in schwierigen Situationen hilfreich sein könnten. Zum Beispiel kann es für einen Menschen mit nur sehr geringer Selbstachtung bedeuten, unnütze Bindungen aufzugeben, die inneren Ketten loszulassen. Er muss von dem inneren Zwang ablassen, nur seine Schwächen zu sehen. Die dunklen Seiten des Lebens, die Schwächen und Fehler, verdecken zu schnell den Blick auf die positiven Seiten in jedem von uns. Man sieht dann nicht mehr, wo die Stärken sind und was man gut kann. Wer aber das Risiko auf sich nimmt, den starren Blick auf das Düstere in sich aufzugeben, der erkennt endlich und akzeptiert, dass auch er liebenswert ist, er sieht, dass ihm plötzlich Menschen zulächeln, ihm vielleicht sogar sagen: „Es ist schön, dass es Dich gibt!"

Es bedeutet schon ein hohes Risiko, eingefahrene, gewohnte und als sicher geglaubte und Halt gebende Formen des Lebens aufzugeben, um den höchsten Wert zu gewinnen. Aber es zu wagen, bedeutet Ja zu sagen zu einem neuem Leben. Dazu muss ich aber liebgewordene Fesseln und Grenzen aufgeben. Die Bereitschaft zum Risiko schenkt die Chance wahrzunehmen, dass das Leben auf der anderen Seite viel schöner ist, vielfältiger und viel mehr Möglichkeiten in sich birgt als das Leben jetzt.

Veränderung ist immer von dem Gefühl begleitet, über dem Bodenlosen zu schwanken. Es kommt einem manchmal vor wie die vorsichtigen Schritte auf der alten Drahtseilbrücke über den tobenden Fluss – das Bild sagt aber auch: Wer nicht den ersten Schritt auf das Neue hin wagt, bleibt in seinem alten Trott, vielleicht sogar im lebendigen Vermodern. Wer aber das Risiko auf sich nimmt, geht in ein neues, unbekanntes und ungewohntes Leben, findet Liebe, Angenommensein und Gott. Ängstliche Rückschau kann lähmen und zum Erstarren führen, weil das Schwanken Unsicherheit auslöst. Vorne aber leuchtet das Licht. Dort liegt die Zukunft.

Freiheit – Der Himmel geht über allen auf…

Am Ende eines steilen Aufstieges klingt mir manchmal ein „alter Katholikentagsschlager" im Ohr:

Der Himmel geht über allen auf, auf alle über, über allen auf.

Wie ein Ohrwurm hat er sich festgesetzt. „Der Himmel geht über allen auf, auf alle über, über allen auf!" Immer wieder möchte ich diese Zeilen wiederholen und die Freude überströmen lassen, die sich daraus ergießt. Manche Menschen besingen den Himmel über Bayern mit seinen Farben weiß und blau. Für andere „hängt der Himmel voller Geigen", weil sie ihr Glück kaum fassen können. Für wieder andere hat der Himmel sich zugezogen, die dunklen Wolken verheißen Unheil.

In einer Klinik zu liegen begeistert nicht unbedingt zum Mitsingen dieses Liedes. Aber gerade hier siegt meistens die Hoffnung, das Krankenhaus als geheilt verlassen zu können. Bei einer solchen Erfahrung sagen viele Menschen gerne und aus ganzem Herzen: Gott sei Dank! Und wenn sie vor dem Fenster zusätzlich auch noch die Sonne entdecken, dann können sie vielleicht doch die Empfindung teilen: „Der Himmel geht über allen auf, auf alle über, über allen auf!"

Das Lied stammt aus dem Musical „Ave Eva – oder der Fall Maria", den Text schrieb Wilhelm Willms, die Musik komponierte Peter Janssens. In Text und Musik stellen die Autoren das ungewöhnliche Leben des Mädchens Maria in einer zeitgemäßen Form dar. Sie schildern ihren Alltag, ihre Beziehung zu Gott und ihren nicht einfachen Lebensweg. Das Mädchen mit dem unehelichen Kind wird verspottet und entgeht nur mit Josephs Hilfe der Steinigung. Als Mutter Jesu erlebt sie Freude und Trauer, Aufstieg, Tod und Auferstehung ihres göttlichen Sohnes. Sie erlebt und glaubt. Ihre Freude nimmt am Ende des Musicals der Chor auf, verkündet den neuen Himmel, den der Auferstandene öffnet. Durch ihn und im Glauben an ihn geht der Himmel nun über allen Menschen auf und auf alle über. Das Lied verbreitet die Freude über Marias erfüllte Hoffnung. – Auf manchem Katholikentag wurde es sicher wegen der besonders einschmeichelnden Melodie immer wieder gesungen, sie steckte ein Stadion voller Menschen an, die vor und während des Gottesdienstes dieses Lied mitsangen und ihrer Freude durch Gesten deutlich Ausdruck verliehen. Kirchentage verkünden immer wieder die Freude am Glauben, der Veränderung, Hoffnung und Zukunft schenkt. Für viele Besucher steht an diesen Tagen der Himmel offen. Und nicht wenige bewahren sich Freude und Hoffnung, wenn unterwegs in ihnen die Lieder nachklingen, die Erinnerungen wachrufen und neue Kraft schenken.

Freude drückt sich im Feiern aus. Es ermutigt zu weiteren Schritten, besonders dann, wenn auch die schweren Schritte bedacht werden, die hinter einem liegen. Entspannung fördert den Mut für neue Erfahrungen. Es bietet sich im Feiern eine neue Sicht, die Zeit und die Zukunft frei zu gestalten. Ohne Zeitdruck möchte man bei Dingen verweilen, die allzu oft im Vorübergehen „erledigt" werden. Allzu oft verführt der Alltagstrott zu dem Satz: „Lass uns heute Abend darüber reden, ich muss jetzt weg!" Freilich kann bei manchen Menschen die Wahrnehmung, Freude zu erleben, unendlich viel Zeit zu haben, auch bewirken, dass sich bei dem einen oder anderen eine gewisse Angst breit macht: Ich kann jetzt keinem Termin ausweichen, nicht „ausbüchsen", denken sie, nicht entfliehen, es gibt keine Ausreden! Denn ich habe ja Zeit! – Wir sollten einfach mal die Zeit genießen, die wir haben. Jetzt lassen wir uns einmal gegenseitig „aus-reden", das zu Ende sagen, was wir eigentlich meinen und erläutern, damit Missverständnisse erst gar keinen Raum finden. Das „Zuhören-Können", so merke ich, fällt doch recht schwer: Im Dienstgespräch geht es oft nur um die Sache, möglichst knapp, in der Partnerschaft droht manchmal ähnliches. Zu oft folgt nur eine kurze und präzise Antwort und schon heißt es, bloß schnell weg und fertig. – Feiern lassen Erinnerungen an die früheren nächtelangen Gespräche mit Freunden und besonders mit der Partnerin oder dem Partner zu. Solche Gespräche kennen wir leider zu oft nur noch aus der Erinnerung, sie finden immer seltener statt. Im Alltag erleben wir uns als unter Zwängen stehend. Wir reden uns dann ein, wir hätten keine Zeit, weil wir doch aus Verantwortungsbewusstsein handeln, wir könnten es uns gar nicht leisten, so ausführlich zu reden. Wir müssten doch an den nächsten Morgen denken und daran, dann wieder fit zu sein für die Arbeit.

Ein weiterer Gedanke kommt mir bei dem Erleben eines Erfolges oder bei der Erfahrung von Zeit. Ich finde es ungeheuer entspannend und wohltuend, wenn ich stundenlang wandern kann. Die Wahrnehmung der Gerüche in der Natur verzaubert die abgestumpften Geruchsnerven und ermutigt zu mehr. Die Farbenpracht der Blumen, die Weite der Felder oder die bizarren Formen der Bergwelt zwingen mich immer wieder in ihren Bann. Aber auch das Plätschern eines Baches, das sanfte Ausgleiten der Wellen, das donnernde Toben der Brandung schenken meinen Sinnen die oft nur ersehnte und ungeahnte Vielfalt an Wahrnehmungsmöglichkeiten. Sonst bleiben uns viele solcher Eindrücke verschlossen und verborgen. Heute aber, nachdem wir (gemeinsam) ein Ziel erreicht haben, spüre ich den Impuls mich weiter zu bewegen und immer wieder zu erfahren: „der Himmel geht über allen auf, auf alle über, über allen auf."

Unser Weg führte uns vom Loslassen dessen, was einen hindert, über die Frage, was wirklich wichtig ist und dem steinigen Weg des Veränderns, des Neugestaltens hin zu der Erkenntnis: Ich habe etwas getan und ich habe etwas erreicht! Nun fühle ich mich frei, froh und ermutigt zu Neuem. Ich darf mir jetzt erst einmal Zeit lassen, ankommen, das Geschenk annehmen, das die Zeit mir schenkt: Die Freude lässt schweben. Eine Zeit lang darf mich dieses wohltuende Gefühl erfüllen. Neue Anforderungen stellen sich vielleicht allzu schnell wieder ein.

Nicht alle Menschen freuen sich darüber, wenn sie viel freie Zeit haben. Ich kenne einige, die vor freier Zeit fliehen, vor Zeiten wie einem Wochenende oder Urlaub. Solche Zeiten sind für sie unerträglich. Sie fliehen davor, weil diese Zeit nicht ausgefüllt und verplant ist und sie sich dann auch noch selbst Gedanken machen müssen, was sie mit der freien Zeit anfangen sollen. Manche leiden aber auch unter der Angst, sie könnten sich selbst in der Stille begegnen und dies vielleicht nicht aushalten. Diese Vorstellung ertragen sie deswegen kaum, weil sie nur schwer mit ihren wirklichen Wünschen umgehen können. Wie haushohe Wellen schwappen die unerfüllten Wünsche über sie oder Träume, die sich ihrer Meinung nach ja doch nicht verwirklichen lassen. Ich kenne aber auch Menschen, die Angst davor haben, die Träume könnten in Erfüllung gehen, das ist in ihrer Wirklichkeit wiederum unerträglich. In ihren Träumen sind sie stark, charmant, voller Esprit, haben Erfolg und sind von Menschen umgeben, die ihre Nähe suchen und auf sie hören. In der Wirklichkeit erleben sie sich oft ganz anders. Da empfinden sie Angst davor, hilflos einer Situation ausgeliefert zu sein, fürchten sie, ohne sie wirklich zu kennen. Mancher z. B. wünscht sich nicht nur in seinen Träumen so sehr einen Partner oder eine Partnerin. Und wenn er dann „die Richtige" trifft, versagt die Stimme, fehlen die Worte, die Knie werden weich und er bricht innerlich ein. Allein der Gedanke an die vielleicht nur einmal erlebte oder auch nur in Gedanken ausgemalte Situation ist so stark, dass er jeden weiteren Versuch abblockt: „Dann doch lieber allein bleiben!" – ist das Ergebnis. Allen, die freie Zeit nur schwer ertragen können, wünsche ich den Mut, trotzdem noch einmal einen Anfang zu wagen, den steilen Weg über den Berg der Ängste zu beschreiten, den eigenen Schatten zu überspringen, das Gesicht der Sonne entgegen.

Freude lässt mich aber auch nicht blind werden für meine Umgebung. Ich denke an eine ganz andere Situation. Eine Familie in unserer Nähe lebt unter Wehmut. Ich denke an diese Familie, die plötzlich in Not geraten ist. Der junge Vater leidet „wie ein Hund" darunter, dass er mit seiner Familie keine Urlaubsreise antreten kann. Er hat vor einem halben Jahr seine Arbeit verloren, weil die Firma schloss und das bisschen Arbeitslosengeld reicht nun kaum zum Überleben für die vier Personen. Es schnürt den jungen Eltern die Kehle zu, wenn sie hören und mit ansehen müssen, dass in der Schule unter den Kindern und in der Nachbarschaft oft kein anderes Thema so gefragt war wie „Was machst Du in den Ferien?" – Gerne würden sie mit ihren Kindern irgendetwas unternehmen. Aber für sie bleibt es ein Traum, der in unerreichbarer Ferne liegt. Bei diesen Gedanken bleibt mir mein Lied im Halse stecken. Jeder ungebetene Rat, jede ungebetene Hilfeleistung, jede unerwünschte Zuwendung könnte leicht als Zynismus missverstanden werden.

Manche Ereignisse können jedoch zu einem unerhofften Glücksgefühl führen: Sie erwarten heute den Besuch Ihrer Enkelkinder. Das Spielen und Lachen der Kinder macht Freude, mit ihnen etwas zu unternehmen ist eine echte Abwechslung. Sie freuen sich natürlich auch schon darauf, wenn die Kinder dann wieder von ihren Eltern abgeholt werden und Ruhe und Frieden in Ihre Wohnung einkehrt. Aber schön ist es doch! Noch ist es Zeit, vielleicht lässt sich noch etwas planen, das Freude und Auftrieb schenkt, ein Treffen mit Freunden, eine Wanderung, etwas Bewegung und am Abend dann der Schluss: „War das heute ein schöner Tag!"

Ich werde die Freude und das Gefühl etwas erreicht zu haben als Impuls verstehen. Er wird mir helfen, darauf zu achten, meine Augen stärker dorthin zu wenden, wo Menschen ihre Hände nach mir ausstrecken. Auch andere Lieder der Hoffnung klingen in mir, die ich viel zu oft alleine singe. Ich mache mir bewusst, dass Zeit mit Werten gefüllt werden darf, die sich nicht nach der Skala des Gewinnes orientieren, sondern nach der Frage der Mitmenschlichkeit, des Umgehens miteinander, des Beachtens und der Gemeinsamkeit. Ich möchte der Familie in unserer Nähe begegnen, wenn sie es zulassen. Gerne möchte ich alles tun, was mir möglich ist, damit über möglichst vielen Menschen in meiner Umgebung die Sonne wieder lacht und sie einstimmen können in das Lied „Der Himmel geht über allen auf, auf alle über, über allen auf!"

Freiheit und die Freude darüber, etwas erreicht zu haben, schenken einen neuen Blick, sie führen in die Weite.

Weite

„Die Rhön – Land der offenen Fernen" Mit diesem Slogan wirbt der Tourismus für eine der schönsten Landschaften Hessens. Viele Menschen in diesem Gebiet sind froh, in dieser Landschaft zu leben. Und wer das Glück hat, bei schönem Wetter die Hochrhön zu durchwandern, der erlebt „hautnah", wie weit sein Blick reicht. Alles scheint erreichbar zu sein, man kann es sehen.

Grenzenlos, unendliche Ferne – das sind auch Begriffe in unserer Seele, Träume, Wünsche, Utopien. Der Benediktinerbruder David Steindl-Rast hat einmal formuliert: „Was wir für eine Grenze hielten, stellte sich als Horizont heraus." – Sein Bild stammt aus der Psychotherapie, dem Gebiet, mit dem sich der Theologe in besonderer Weise befasst. – Aber ist „Horizont" nicht nur ein anderes Wort für das, was wir uns wünschen, was wir nicht sehen, nicht erreichen können?

Unsere Erfahrungen sind nicht die gesamte Wirklichkeit. Das sagen wir uns zwar manchmal zum Trost, wenn der Blick nicht mehr in die Weite sieht. Aber die Wirklichkeit ist tatsächlich größer, weiter, manchmal wird sie aber auch von Hoffnungen überfrachtet.

Viele Bilder, die ich in meinen Texten benutze, können dazu führen, dass sich mancher entmutigt zurücksinken lässt und sagt: „Ich wusste es, es gibt keine Hoffnung auf Weite, es gibt keinen Weg aus meiner Enge heraus." Aber die Aussage von Bruder Steindl-Rast sagt etwas anderes: „Was wir für eine Grenze hielten, stellte sich als Horizont heraus." Horizont aber bedeutet Weite, eine Grenze, die niemals erreicht werden kann. Wenn man denkt, man habe den Höhepunkt erreicht, öffnet sich ein neuer Blick, neue Weite. Der

Horizont schiebt sich immer weiter. Darin sehe ich eher eine ermutigende Aussage: „Geh über Deine Grenzen hinaus! Wage den Schritt in die unbekannte Weite! Und Du wirst spüren, es geht weiter." – So ist es auch mit den Grenzen in unserem Leben. Leider verzweifelt mancher an diesen Grenzen. Aber beim genauen Hinsehen eröffnen sich die Anhöhen, die Felsen, die uns vom Horizont trennen. Gelingt es, über alle Steine auf dem Lebensweg hinweg zu steigen, alles zu wagen, um die nächste Anhöhe zu packen, dann folgen Jubel und die Erlösung: Du hast es geschafft! Es geht weiter. Es gibt mehr als mir bisher bekannt oder möglich war. – Vor allem kommt es auf den ersten Schritt an. Mit diesem Schritt verändert sich nicht nur der Stand*ort*, nicht nur der Blick, es verändert auch den Stand*punkt*.

Freiheit

„Über den Wolken muss die Freiheit wohl grenzenlos sein, alle Ängste, alle Sorgen bleiben darunter verborgen ... und dann würde, was uns groß und wichtig erscheint, plötzlich nichtig und klein ..." – der Refrain aus einem Lied von Reinhard Mey kommt mir in den Sinn. Ich sitze am frühen Morgen auf den Steinen einer Erhebung unterhalb eines hohen Berges. Mein Blick gleitet über die weiten fruchtbaren Täler. Ein wunderbares Bild, grenzenlose Freiheit für die Augen und für die Seele. Ich genieße diesen Augenblick, und komme mir schon recht „erhaben" vor, wirklich „über den Wolken". Erhaben über die Mühen des Aufstiegs, erhaben über die Sorgen, die sich gestern noch wie ein Berg auftürmten und mich zu Boden zu drücken drohten. Ich denke, dass alle Menschen den Wunsch nach Freiheit in sich tragen.

Jeder Mensch wird von einem anderen Bild der Freiheit geleitet. Für den einen bedeutet die *körperliche* Freiheit das Ideal seiner Vorstellungen, ein anderer verbindet damit die Freiheit seiner Gedanken, ein weiterer sieht in der Möglichkeit, frei zu handeln, die Erfüllung seiner Wünsche. Die Freiheit des einzelnen endet jedoch dort, wo sie die Freiheit eines anderes tangiert. Da sind Absprachen notwendig, Kompromisse, Gespräche von Menschen, die sich in gegenseitiger Achtung vor der Würde des anderen und in der Achtung vor der Freiheit des anderen begegnen.

An der Grenze des freien Handelns sind Absprachen nötig, weil sich freie Menschen in ihrem unbändigen Wunsch nach Freiheit begegnen. Jegliches Tun, jeder Schritt geht auf einen anderen zu, wird von ihm erwartet oder bedroht ihn. Ängste und Freude, Leiden und Glück – das sind die Früchte der Freiheit.

Noch steht am Beginn dieses Tages meine erlebte oder erträumte Freiheit. Sie lässt mich über alle Sorgen hinwegschauen, alles wird relativ. Während des Abstiegs vom Berg oder am Beginn meines Arbeitstages wachsen die Hügel, entwickeln sich kleine Sorgen wieder zu großen Problemen. – Jetzt hilft mir das Bild, das sich beim Betrachten eben in mir eingebildet hat und lässt mich bereits beim Abstieg nach Lösungen suchen, nach Strategien zum Ertragen der Konsequenzen, die aus meinen frei gesetzten Handlungen erfolgen. Es ist gut, wenn über den Tag hinweg die Erinnerungen an die Relativität aller Sorgen aus dem Blickpunkt von oben erneut aufkommen dürfen. Denn vielleicht gehen dann am Ende der Wanderung am Abend mit der untergehenden Sonne auch meine Sorgen mit den Schatten des Tages zusammen hinüber in ein strahlendes Licht. Und morgen erhoffe ich mir wiederum einen neuen, wunderschönen Tag.

Beides ist wichtig: Ich brauche Zeit für mich selbst, wenn ich neue Wege gehen möchte. Aber es tut auch gut, andere bei sich zu wissen, die mitgehen, mitempfinden, teilen.

„Wir haben nur uns selbst und einander. Das ist vielleicht nicht viel, aber mehr gibt es nicht.“

(Shelden B. Kopp, Triffst du Buddha unterwegs, 1978)

Viele Menschen kennen Situationen, in denen sie sich wünschten, nicht allein zu sein. – Zornig war Georg aus dem Haus gestürmt. Mit Bettina würde er niemals Frieden finden. Immer hatte sie etwas an ihm auszusetzen. Nie war sie zufrieden. Und er wusste keine Antwort. Er wollte nur fort. Wütend war er losgefahren und ziellos durch die Gegend gerast. Die Kurve hatte er nicht richtig beachtet. Jetzt krümmte er sich eingeklemmt hinter dem Steuer seines Wagens, mit dem er gegen einen Baum gerast war. Georg kam nicht mehr alleine da heraus. „Bettina“, murmelte er, „es tut mir leid. Lass uns doch noch einmal Situationen anschauen, die so schlimm für uns waren.“ Dann war nur noch Stille um ihn. – Am Ecktisch in ihrem Lieblingscafé saß Gertrud, schaute aus dem Fenster und rührte gedankenverloren in ihrer Tasse. „Was sie nur gegen mich hat? Mein Sohn liegt ihr doch zu Füssen. Ich sehe ihn doch nur noch ganz selten. Darf ich nicht erwarten, dass sie mich auch einmal fragt, wie es mir geht? Und gerade heute bin ich allein!“ Gertruds Augen füllten sich mit Tränen. Sie winkte die Kellnerin herbei und bestellte sich ein Stück von ihrer Lieblingstorte mit ganz viel Sahne. Genüsslich kaute sie das Kuchenstück als ihr Handy läutete. „Mutter, wo bist Du denn?“ klang es aus der Muschel. „Thomas, die Kinder und ich suchen Dich. Wir stehen vor Deiner Haustüre. Wir wollten Dich an Deinem Geburtstag überraschen!“ – Diese Überraschung war gelungen. Schnell zahlte Gertrud, die Tränen liefen ihr über das ganze Gesicht, sie stieg in ihr Auto und fuhr nach Hause, wo alle auf sie warteten. Die Freude an diesem Festtag war riesengroß. Die Nebel verschwanden, Gertrud war nicht allein.

Alleinsein, sich allein gelassen fühlen – das ist eines der großen Probleme unserer Gesellschaft. „Wir haben nur uns selbst und einander. Das ist vielleicht nicht viel, aber mehr gibt es nicht“ sagt der amerikanische Psychotherapeut Sheldon B. Kopp. – Was für ein toller Satz: „Wir haben nur uns selbst und einander. Das ist vielleicht nicht viel, aber mehr gibt es nicht.“ Kein Mensch möchte einsam sein. Es liegt ein großer Unterschied zwischen der Erfahrung des Einsamseins und dem Alleinsein. Das Alleinsein kann wunderschön sein, es schenkt Zeit für Gedanken und das Entwickeln neuer Ideen. Doch wie groß ist das Geschenk der Gemeinschaft mit anderen Menschen! Die Einsamkeit eines Gefangenen in seiner Einzelzelle durchlebt dieser ganz anders als ein Mönch die selbst gewählte Stille in seiner Klosterzelle. Im ersten Fall wird die Gemeinschaft verhindert, in der Abgeschiedenheit des Klosters dagegen trägt die Gemeinschaft derer, die denselben Weg in einer bewussten Entscheidung selbst gewählt haben. Das Leben in einer Paarbeziehung gleicht manchmal beiden beschriebenen Formen: Wird einer ausgeschlossen, „rausgeschmissen“, folgt Einsamkeit. Rennt jemand vor einer Schwierigkeit davon, ist er am Ende sehr einsam. Gedanken, die in einer solchen Situation einströmen, haben meist „Vernichtung“ zum Ziel, Trennung und Zerstörung des eigenen oder des anderen Lebens. Um wie viel aufbauender dagegen wird sie Zeit des Alleinseins erfahren, wenn Versöhnung mit dem Partner folgt, Gespräch und gemeinsames Weitegehen.

Wir haben nur uns selbst und einander – das ist viel, denn viele sind da. Jeder hat die Wahl zwischen dem ersten Schritt auf einen anderen zu oder dem Umkreisen der eigenen Person. – Ich freue mich am Du, an der Kommunikation und der reichen Erfahrung im Zusammensein mit anderen – auch wenn es manchmal schwierig ist.

Unser Weg zeigt immer wieder: Jede Mühe lohnt sich, aber ich muss den ersten Schritt wagen, das Ziel anstreben. Meist erkennt man dann schnell: Du bist nicht allein.

Der Weg aus Fesseln heraus zu einem neuen Ziel war gefüllt von der Zeit, das Neue, das Vergangene und jeden Schritt zu reflektieren. Da kann ein weiterer Impuls Bestätigung bringen:

„Nicht von Antwort zu Antwort, sondern von Frage zu Frage wachsen wir."

Konfuzius

„Warum?", fragte die kleine Lisa ihren Vater, der ihr schon seit einigen Minuten zu erklären versuchte, dass er gerade jetzt etwas Ruhe brauchte, um einen Artikel für das Magazin seines Vereins zu schreiben. Er hatte diese Aufgabe übernommen, weil man ihn in der Vollversammlung beauftragt hatte, aus der Sicht eines Experten einen Sachverhalt darzustellen. Lisa hatte aber nur den einen Wunsch, dass ihr Papa jetzt mit ihr spielen solle. Dass seine Ausführungen für die anderen wichtig seien, hatte sie zwar verstanden. Aber warum musste das jetzt sein? Sie verstand schon, es war wichtig: Die Informationen, die anderen Menschen, der Verein. Sie wusste aber auch: Auch Lisa ist wichtig. Doch galt das immer? Zum Beispiel auch jetzt? – Darum ließ Lisa nicht locker. Sie stellte die Frage „Warum" immer wieder. Und dann hatte Lisa gesiegt: Papa erkannte, dass er diese letzte Frage Lisas, ob sie für ihn auch jetzt wichtig sei, nur dadurch verständlich beantworten konnte, wenn er seine Arbeit unterbrach und auf später verschob; jetzt musste er sich ihr widmen. Erklärungen machten jetzt keinen Sinn. Die richtige Antwort bestand einzig aus Handeln, Begegnung, Lisa zugewandt sein.

Viele Eltern lächeln, wenn man sie darauf anspricht, wie sie das „Fragealter" ihrer Kinder bewältigt haben Oft folgt die Antwort:. „Es war wahnsinnig schwer, weil man manchmal keine Antwort mehr wusste. Es war aber auch unendlich schön, denn so viel Interesse und Aufmerksamkeit wie damals haben wir später selten wieder erlebt." Mit dem Fragen beginnen Menschen sich aus ihrer egozentrierten Welt hinauszubewegen, andere Menschen, Dinge, Lebewesen als außerhalb von sich selbst zu sehen. Es beginnt das Fragen nach dem Grund des Daseins, dem Sinn des Lebens. Dieser pathetisch klingende Satz hat hier grundlegende Bedeutung. Ein Mensch, der sich durch Fragen öffnet, beginnt wirklich zu begreifen, nicht mehr nur zu betasten, sondern zu untersuchen und zu suchen, was man womit machen kann und wozu das dient. Es ist keine Wertung von gut und böse dabei, sondern nur das Warum und Wozu. – Zu Recht berichten Eltern mit Freude und Stolz, wie ihre Kinder diese Stufe im Bewusstsein erklommen haben, so mühsam der Weg manchmal auch war. Beide Teile, Eltern und Kinder, sind dankbar dafür, wie viel Neues dieses Erleben für sie mit sich brachte.

Auch Erzieher äußern schon mal ihren Eindruck, an manchen ihrer Schüler sei das „Fragealter" vorbei gerast, die Jugendlichen seien „wie mit dem D-Zug durch ihre Kinderstube" gerauscht. Aber wir wissen auch, das ist nur eine Durchgangsphase, eine gewisse „Ruhezeit" vor der danach folgenden Lern- und Forschungszeit im menschlichen Leben. Sicher erleben wir dies unterschiedlich, auch in verschiedenen Altersphasen angesiedelt, aber alle Menschen – auch Menschen mit geistiger Behinderung – erleben sich als Suchende, Forschende und Fragende. Ein Ergebnis öffnet neue Fragen, eine Antwort ermutigt zum nächsten Schritt. Erst am Ende des Lebens fragt der Mensch nicht mehr nach sich oder seinen Mitmenschen, sein Fragen ist auf ein anderes Ziel ausgerichtet. Mit Fragen beginnt unser Leben, Antworten haben eine Zeit lang Bedeutung, dann öffnen sich neue Fragen. Diesen dauernden Prozess hat Konfuzius, der zwischen 551 und 479 vor Christus in China lebte, zu der Erkenntnis formuliert: „Nicht von Antwort zu Antwort, sondern von Frage zu Frage wachsen wir." Wenn ich mich mal wieder über „dumme Fragen" ärgere, möchte ich auch daran denken, dass es keine wirklich „dummen Fragen" gibt, sondern nur unterschiedliche Wege, auf denen Menschen suchen und wachsen.

Wer ein großes Ziel erreicht hat, ist von Freude erfüllt. Gerne teilt er diese Freude mit anderen. Manchem kommt er nun ganz „groß“ vor, ganz weit weg, nicht mehr zu seiner Welt gehörig. Er ist ja nun ein „Held“. Aber der Held ist in Wirklichkeit meist recht einsam ...

„Wenn du einen Helden hast, sieh noch mal hin; du hast dich selbst irgendwie kleiner gemacht.“

(Sheldon B. Kopp, Triffst du Buddha unterwegs)

„Oh – das schaff’ ich nie!“ stieß Niko mit großen Augen und voller Bewunderung heraus, als er seinen großen Bruder als Sieger im Abfahrtslauf im Winterurlaub sah. „Hast Du es denn schon mal probiert?“, fragte ihn sein Vater. Niko hatte die Provokation erkannt und meinte: „Sieh mich doch an und dann Jürgen!“ „Ja, und“, fuhr Vater unbekümmert fort, „was soll ich da sehen?“ „Ich bin doch ein Zwerg, und Jürgen ist ein Riese!“, gluckste Niko vor sich hin. „Genau“, sagte sein Vater, „jetzt bist Du noch klein. Aber auch Du wirst wachsen und stark werden. Du kannst aber jetzt schon das trainieren, was Du kannst. Und Du wirst sehen, es wird immer besser!“ „Glaubst Du das wirklich, Papa?“, fragte Niko kleinlaut weiter. „Aber natürlich, Niko. Du musst nur an Dich glauben. Du bist kein Zwerg!“ Glücklich und mit Tränen in den Augen stürmte Niko zu Jürgen, umarmte ihn und gratulierte ihm zum Sieg. „Morgen, lieber Niko, fahren wir beide zusammen!“ sagte Jürgen noch zu ihm und sah den glücklichsten Menschen der Welt zurückrennen zu seinem Vater.

Nicht nur Kinder begegnen Situationen, die scheinbar über ihre Kräfte gehen, auch Erwachsene erleben sich manchmal in für sie scheinbar aussichtslosen Lagen. Nicht immer steht dann ein Papa bereit, der ermutigt, oder ein Partner, der eine Steigleiter hält für den nächsten Schritt. Ich glaube,

Scheitern lässt sich oftmals nicht auf bloßes Unvermögen zurückführen, sondern viel mehr auf Selbstaufgabe, Angst und Mutlosigkeit. Allzu oft hören Kinder den Satz: „Klettere nicht zu hoch in den Baum! Du könntest herunterfallen und Dir wehtun!" – Die Sorge vieler Eltern ist zwar häufig begründet, manchmal jedoch kommt ihre Warnung viel zu früh. Vielleicht warnen Eltern auch manchmal, weil sie selbst vor einer Kletterpartie Angst haben zu versagen. Natürlich geht es mir nicht um einen Aufruf zur Missachtung der Aufsichtspflicht der Erzieher. Aber jener Vater am Rande der Piste ermutigt seinen kleinen Niko durch sein Einfühlungsvermögen. Er vertraut seinem Sohn, dessen Kraft er kennt, ermutigt ihn zum Selbstvertrauen und mutet ihm zu, im Rahmen seiner Möglichkeiten zu üben, dadurch seine Grenzen besser kennen zu lernen und stets ein Stück zu erweitern. Das ist verantwortungsbewusstes Begleiten und Fördern, zumal Papa ja auch „seinen Großen" kennt, der mitwirkt und der seinen kleinen Bruder auf diesem Weg ein Stück begleiten wird.

Wie erlebe ich mich, was erlebe ich an mir: Angst vor dem nächsten Schritt, dem großen Schritt nach vorn, weil ich mir und meinen Fähigkeiten nicht traue? Oder wage ich auch einmal einen Schritt über den alten verrosteten Zaun hinüber in blühende Felder, die ich sonst meist nur stauend betrachte, die ich dann neu kennen lernen darf? Ich wünsche mir, dass ich immer wieder den Mut zum nächsten Schritt habe und dass es mir gelingt, mich nicht klein zu machen. Ein Satz von Sheldon B. Kopp aus seinem Buch „Triffst du Buddha unterwegs" könnte mir dabei helfen: „Wenn du einen Helden hast, sieh noch mal hin; du hast dich selbst irgendwie kleiner gemacht." – Bin ich sicher, dass ich „nur ein Zwerg" bin? Habe ich nicht schon manches erreicht? Das macht doch groß, das stärkt doch. – Also: Geh aufrecht!

Immer wieder darf ich mir klar machen, dass mein Weg ein Weg ist, der nicht immer bequem ist, manchmal Mühen erfordert, Umwege beinhaltet und mir am Ende doch zeigt, wozu ich fähig bin. Ich habe es geschafft, ein großes Ziel habe ich erreicht.

Freude teilen

An manchen Tagen bilden sich besonders lange Schlangen an den Kassen, hektischer Betrieb in den Supermärkten – müssen Sie auch noch zum Einkaufen gehen? Mir graut davor! Manchmal habe ich den Eindruck, die Menschen schafften Vorräte an wie für eine lange Belagerungszeit. Natürlich will man etwas zu Hause haben. Es soll etwas Besonderes geben, ein Ausflug ist geplant, es kommen Gäste. Solche Aussichten finde ich toll und freue mich darauf. Aber ich verstehe nicht, warum an manchen Tagen an den Kassen und auf den Parkplätzen so aggressive Stimmung aufkommt. Das steht doch im Gegensatz zu der Vorfreude auf das Ereignis. Das stressige Einkaufen belastet doch nur alle Beteiligten.

Einige Male habe ich gute Erfahrungen damit gemacht, dass ich die Frau an der Kasse wirklich als Person wahrgenommen und angesprochen habe. – Oft sind es ja Frauen, die zum Haushaltsgeld noch etwas hinzuverdienen und deshalb auch zu ungünstigen Zeiten stundenweise jobben. – Wenn ich sehe, dass die Kassiererin müde ist, kaputt, am Ende, spreche ich sie an. Statt mich über eine unfreundliche Bemerkung zu ärgern, spreche ich einfach meine Gedanken aus: „Sie sind sicher auch froh, wenn der Tag endlich zu Ende ist. Heute ist aber auch allerhand los." Die meisten fühlen sich verstanden und ihre Gesichter hellen sich auf. Passiert es denn nicht jedem von uns einmal, dass man das Gefühl hat: „Jetzt langt es. Jetzt soll mir ja keiner komisch kommen!" Wenn ich spüre, heute geht es der Kassiererin oder dem Autofahrer, der einfach keinen Parkplatz findet, mal wie mir, dann schenke ich ihnen ein freundliches Wort. Und sollte jemand griesgrämig bleiben, dann zeige ich ihm lächelnd meine Zähne.

Einkaufen führt immer zu Begegnungen. Ich glaube, es ist wichtig, sich innerlich schon darauf vorzubereiten. Diese Vorbereitung kann so aussehen, dass ich die gute Laune in mir, dem signalisiere, der mir begegnet. Ich ermuntere ihn durch mein Verhalten, vielleicht auch Freude über diesen Tag in sich aufkommen zu lassen. Und derjenige, dessen Gesicht besonders verhärtet ist, freut sich möglicherweise innerlich doch darüber, dass er durch mein Lächeln angeregt wurde und auch seine Gesichtszüge entspannen kann.

Vielleicht denken Sie jetzt, welchen Impuls soll ich denn nun mitnehmen? Ganz richtig: Es sind nicht die weltbewegenden Fragen, die Freude bereiten. Vielmehr möchte ich Sie ermutigen, die Freude in sich zuzulassen und nach außen zu zeigen. Freude, die man teilt, Gedanken, die man gemeinsam bewegt, bringen Glück in den Alltag. Es gibt keinen „Stress", wenn ich ihn nicht in mir trage. Sie werden sehen: ein Lächeln schenkt die doppelte Freude.

Ein Neu-Start – Im Wandel liegt Beständigkeit

Im Wandel liegt Beständigkeit

„Ich muss endlich etwas tun! So geht das nicht weiter! Ich platze ja aus allen Nähten!" – und dann beginnt der grausame Weg der Selbstkasteiung, Gymnastik am Morgen, Langlauf am Abend, tagsüber Obst, Körner und Knäckebrot, um Himmels Willen ja kein Bier oder Saft – hat das Wasser vielleicht auch Kalorien? – Und nach einer Woche sind zwei Kilo des Körpergewichts verschwunden, die Seele jubelt, und zur Belohnung für so viel Quälerei gibt es erstmal ein schönes Frühstück! – Am Ende steht leider nicht immer die Freude über die Veränderung, die oft nur ein paar Wochen anhält. Der Wunsch nach Veränderung besteht auch deswegen, weil Menschen sich selbst nicht ausstehen können, sich selbst hassen und sogar zerstören wollen; die weit verbreitete Magersucht bietet viele traurige Belege dafür.

Veränderung, die ich mit allen meinen Wünschen anstrebe, gelingt meist gar nicht oder nur unter qualvollen Entbehrungen, wofür Körper und Seele sich später grausam rächen. – „Werden, wer man ist und was man ist", das heißt, „annehmen, welches Selbst Gott in mich hineingelegt hat." Das ist eine wirkliche Einladung zur „Selbst-Erfahrung". Dabei kann ich vieles, auch noch Unbekanntes, entdecken: wertvolle Eigenschaften und Fähigkeiten ebenso wie „Schatten"-Seiten und Begrenzungen, vor allem aber das Liebenswerte der eigenen Person – eben so, wie sie ist. Es klingt paradox, aber es bewahrheitet sich immer wieder, dass Veränderung an mir und mit mir am besten gelingt, wenn ich lerne und bereit werde, mich so anzunehmen, wie ich bin. Veränderung geschieht, wenn ich tiefer in mich hineingehe, wenn ich annehme, was da vorhanden ist, welch großartige und unentdeckte Charismen und Talente Gott in mein Innerstes gelegt hat. Veränderung geschieht nicht, wenn ich es will, sondern wenn ich zulasse, dass ich so bin, wie ich bin.

„Bleib so, wie du bist!", sagte er ihr am Hochzeitstag. Doch nach ein paar Jahren verließ er sie mit dem Vorwurf: „Du hast dich nicht verändert!" – Recht oft machen Menschen diese Erfahrung und wundern sich, dass es so gekommen ist. Sie haben doch alles getan, um die Situation zu halten, in der das Glück vollkommen zu sein schien. – „Im Wandel liegt die Beständigkeit" las ich einmal auf einem Kalender des World Wilde Fund of Nature (WWF), unterstrichen wurde diese Aussage mit einem großartigen Foto von einer wunderschönen grünen Landschaft, die vom Wechsel der Wolken unterschiedlich gemalt zu sein scheint. Das Bild dieser Landschaft verspricht blühende Felder und Früchte bringende Äcker, reiche Ernte und volle Scheunen, gerade weil Sonne, Regen, Wind und Wolken sich abwechseln und das Wachsen ermöglichen.

Es ist eine allgemeine Erfahrung: Im Lauf der Zeit sieht man Probleme differenzierter, man hat neue Erkenntnisse hinzu gewonnen, hat gelesen, diskutiert, den Horizont des eigenen Denkens erweitert. Sollte Veränderung im Wachsen der Beziehung zum Partner nicht eine ebenso wichtige Rolle spielen? Gerade in sehr engen Beziehungen ist es wichtig, sich *miteinander zu verändern,* neues auszutauschen und anders an frühere Fragen heranzugehen.

Sich selbst zu erfahren bedeutet die Einladung, sich neu wahrzunehmen. Den anderen neu zu erfahren, beinhaltet außerdem die Einladung, sich auch mit ihm neu und intensiv zu beschäftigen, zum Beispiel wahrzunehmen, dass dieses frohe Lachen meiner Partnerin kleine Lachfalten in ihr Gesicht gezeichnet hat. Es finden sich aber auch Spuren eines angestrengten Lebens in diesem Gesicht eingegraben, nicht zuletzt haben Auseinandersetzungen mit mir das verursacht; aber auch die Anforderungen im Beruf gingen nicht spurlos vorüber. Und wenn ich mir Zeit lasse für einen intensiveren Blick in den Spiegel, sehe ich, dass sich auch mein Gesicht in all den Jahren verändert hat, die Haare sind grau geworden. Ich stelle fest, ich bin zwar noch derselbe, und doch bin ich auch ein ganz anderer. Und das sollte im Inneren nicht genauso sein? Wie viel Liebenswertes werde ich finden, wenn ich einen Blick in den „inneren Spiegel" wage! Und wie schön kann es sein, wenn wir uns im gemeinsamen Schauen gegenseitig sagen können: „Wir haben uns verändert. Wir sind anders geworden. Aber an dir ist noch genau so viel Liebenswertes wie damals!" Dann bewährt sich: „Im Wandel liegt die Beständigkeit!"

Wende dein Gesicht der Sonne entgegen, dann fallen die Schatten hinter dich!

In der vergangenen Woche nutzte ich das schöne Wetter und schlenderte während der Mittagspause durch den Schlosspark in unserer Stadt. Die Bänke waren fast alle besetzt. Einige hatten sich genug Platz verschafft, um die Arme auszubreiten und ihr Gesicht der wärmenden Sonne entgegen zu strecken, gerade so, als wollten sie vor dem nächsten Kälteeinbruch noch alle Strahlen aufsaugen, die ihnen dann innere Wärme spenden sollen. Dabei kam mir der Satz in den Sinn: „Wende dein Gesicht der Sonne entgegen, dann fallen die Schatten hinter dich!“ Unwillkürlich verlangsamte ich meine Schritte und dachte: „Das stimmt! Diese Leute werden nach der Mittagspause innerlich erneuert an ihren Arbeitsplatz zurückkehren!“ Ich finde es einfach wunderbar, sich selbst Zeiten zum Träumen zu schenken, zum Nachsinnen, sich zweckfrei dem Gedankenstrom zu überlassen und irgendwann zu spüren: jetzt kannst du wieder dorthin zurückgehen, wo du hergekommen bist. Und ich erlebe, dass mir alles plötzlich verändert vorkommt: Es ist zwar derselbe Weg, es begegnen mir vertraute Menschen – und doch schaue ich diese Menschen anders an, voller Wärme im Herzen, trage die Sonne in mir und schwebe fast über meinen Weg.

Manche Menschen behaupten, sie seien von Wettereinflüssen unabhängig, wären bei Sonne wie bei Regen gleichermaßen gut oder schlecht gelaunt, ihre Laune komme gang aus dem Inneren. Ich bewundere diese Leute, denn ich erlebe es anders. Wenn ich mich in der Sonne bewegen kann, fühle ich mich besser. Zwar bin auch ich keine „Regen-Muffel“, aber es ist doch alles anders als im Sonnenschein. Und ich denke an den zweiten Teil des Satzes: „Dann fallen die Schatten hinter dich!“ – Zur Kraft der Wärme kommt eine wichtige Ergänzung dazu: Auch eine alte Ruine sieht bezaubernder aus, wenn sie in der vollen Sonne liegt, statt dass dunkle Regenwolken sie umhüllen. – Die Sonne könnte vielleicht auch die dunklen Seiten in meinem

Inneren in ein anderes Licht rücken. Nach einem sonnenreichen Tag geht es mir besser, denke ich, es ist doch nicht alles so dunkel und hoffnungslos, da gibt es manche schöne Ecke in meinem Leben, die ich noch gar nicht – oder viel zu selten – wahrgenommen habe. Solche Erfahrungen können zu einer großen Bereicherung werden. Auch „dunkle Ecken" an mir, „schroffe Kanten" erscheinen anderen vielleicht urig oder kauzig und lassen mich ihnen näher kommen als wenn ich immer nur „korrekt" erscheine. Die Sonne löst manchen dunklen Schatten auf, lässt die einzelnen Steine lebendiger erscheinen und gibt auch den Moosbewuchs oder den Bewuchs mit wildem Wein an mir frei. Für andere werde ich dadurch interessanter, liebenswerter, natürlicher, echter. Die Sonne kann manches in ein anderes Licht rücken. Und diese Bestrahlung verhindert das Verbergen, auch das Sich-verbergen-Müssen, weil ich nur darin Sicherheit zu haben glaubte.

Die Sonnenstrahlen und ihr Licht sollen mich noch an etwas anderes erinnern: Im Lichte Gottes wird mir Freiheit geschenkt, ein freier Blick in meinen Tag, zu den Menschen um mich herum und für die Aufgaben, zu denen ich ja sage. Gott nimmt mir die Schatten meiner Angst und richtet mich auf. So kann ich frei und zuversichtlich in meinen Tag gehen.

Nachwort

Es ist schön, auf einen Weg zurückschauen zu dürfen, den man mit anderen Menschen gemeinsam gegangen ist. Nun kommt das Teilen der Freude, der neuen Lebenserfahrungen, die nächsten Schritte werden vielleicht schon miteinander besprochen. Vielleicht wird auch etwas miteinander gefeiert, etwas gegessen und getrunken, viel miteinander gelacht. Und vor dem Auseinandergehen heißt es dann: „Dann pass gut auf Dich auf! Es wäre schön, wenn wir uns einmal wieder sehen. Gott behüte Dich!"

Das ist auch meine Bitte für Sie:

„Gott behüte Dich!"